アラン・ランプルゥ
オウレリアン・コルソン
Alain LEMPEREUR
Aurélien COLSON

The First Move
A Negotiator's Companion
Edited by Michele PEKAR

交渉のメソッド

リーダーのコア・スキル

奥村哲史［訳］

東京　白桃書房　神田

The First Move
A Negotiator's Companion

Alain Lempereur & Aurélien Colson
Edited by Michele Pekar
This edition first published 2010

Japanese translation rights arranged with John Wiley & Sons Limited (a company of Jonh Wiley & Sons, Inc.) through Japan UNI Agency, Inc., Tokyo

訳者まえがき

フランス随一のエリート養成高等教育機関ENA（国立行政学院）ストラスブール校のネゴシエーション講義はセンセーショナルだった。4つのクラスに分かれた約一〇〇人の受講生が各教室で同じコンテンツを同時並行で四名の専門家から学ぶ。担当講師は本書の著者ランプルゥ教授、元駐英フランス大使、フランス人弁護士、米ノースウエスタン大学ロースクール教授（スティーブン・ゴールドバーグ：白桃書房刊『「話し合い」の技術』著者）。強力な個性の講師陣が、セッションが終わるごとに助手としてついている大学院生と共に集合し、フィードバックを共有して内容の標準化を行い、次のセッションに向かう。その助手の一人だったのが、本書のもう一人の著者コルソン准教授である。

ENAのネゴシエーション・プログラムは、すでにESSEC経営大学院教授として同校にIRENE（Institute for Research and Education on Negotiation in Europe：欧州交渉研究教育センター）を創設していたランプルゥ教授の設計と提案によって実現していたものだった。

彼の率いたＩＲＥＮＥは、フランス政府、欧州連合、国連諸機関とのリンクを築き、フランス国内はもとより、歴史的経緯のあるアフリカ諸国などで実に多彩な交渉、紛争解決、対立管理などの事案に関与していった。その実績と交渉学の歴史を踏まえた研究から生まれたのが本書で、原著はフランス語版*Méthode de Négociation*として二〇〇四年に出版されている。この邦訳はミシェル・ピカー女史による英訳編集、米Wiley刊*The First Move : A Negotiator's Companion*（二〇一〇年）に基づく。原著者の意向により、日本の文脈ではスムーズに適合しにくいと思われる事例などについては一部を割愛している。

交渉力が身につくのは実践と経験ではあるが、最低限の基礎知識も持たぬまま、直観に頼るだけの実戦が、その過程で実に多くの機会や可能性が失わせていることは、日本にも共通する事情である。まだ若い学問領域ながら、徐々に整理されつつある交渉学の知識、理論、方法が活用されれば、そうした損失は確実に軽減されるだけでなく、しかるべきメリットも実現できる。

交渉研究の知見は、米国発のものが圧倒的に多い。ランプルゥ教授も彼が法学博士号を取得したハーバード・ロースクールの交渉プログラムの薫陶を受けて、しかも現在は当プログラムのエグゼクティブ・コミティ・メンバーである。それでも本書には、著者たちの欧州的プライド、そしてビジネスから公共政策および国際関係にわたる専門性の広さがもたらす独自色が随所にみられる。

交渉学ですでに普及している基本用語のひとつ、ＢＡＴＮＡを見直す試みもそうだ。ＢＡＴＮＡ（Best Alternative To a Negotiated Agreement）とは、交渉における選択肢の重要性を示し、「交渉に臨むにあたっては、まずその交渉が決裂したらどうなるかを考えよ、決裂の場合に起こりうることがいろいろあるなら、そのベストのものを認識し、それを基準のひとつとして交渉せよ」ということである。本書ではこれを使わず、代わりにSAT（Solution At Table）とSAFT（Solution Away From Table）を用いる。SATはこの交渉における話し合いで成立しうる内容をいい、SAFTはこの交渉が決裂したときに取り得る選択肢の内容をいう。

似ているようだが、向き合っている交渉だけではなく、別の話し合いの道がありうること、そしてそこでの選択肢のもつ諸価値をしっかりと評価せよ、と強調するところに違いがある。合意ありき、の認知バイアスに陥らぬようにとの警告でもある。さらに、交渉の対象が、紛争と処理にかかるコストの削減であれ、諸関係の修復や改善であれ、収益の実現であれ、いずれも目的は、そうした課題へのソリューションを相手と共に組み立てていくことにある。合意に到達することだけでなく、その内容を質の高いものにせよ、とのメッセージが埋め込まれている、とみてよい。

著者たちが引用した欧州の思想家や歴史上の指導者たちは、日本の高校課程でも学ぶものだ。こうした古典の再考は、彼らの知見が時代を超えて、現代に具体的にどう生きるかを考える機会にもなる。われわれには、大災害の後からの復興を実現するために利害をすり合わせる合意形成、領土と資源および安全保障をめぐり近隣諸国から仕掛けられる紛争の解決、発展途上国への社会基盤整備支援や紛争地域での平和構築など多彩かつ具体的な貢献を果たす義務がある。これには歴史に学び、机上の議論にとどまらぬ、理想を実現するための方法と技術が必要である。本書で示唆される「新しいリーダーシップ」とは、政治や経営組織の上層部に丸投げするものではなく、市民ひとり一人に期待される機能であり、そのためにも『メソッド』に裏打ちされた思考と行動が求められる。

二〇一一年にランプルゥ教授はブランダイス大学大学院ヘラー・スクールに移り、同校のCOEX（Coexistence and Conflict Management: 共生・対立管理専攻）研究科長を務め、ESSECではコルソン准教授がIRENEを継承している。

異文化の節で紹介される、日本でスパゲティを食べるときにあえて音を立てて失敗したというユーモアは、我が国に交渉学を開拓した藤田忠元国際キリスト教大学教授（現NPO法人日本交渉協会理事長）とランプルゥ教授が会食したときのエピソードだ。

ハーバード大学のプログラム・オン・ネゴシエーションで今はランプルゥ教授と同僚になるマックス・ベイザーマン教授（ハーバード・ビジネス・スクール）著の邦訳『交渉の認知心理学：戦略的思考の処方箋』（スタンフォード大学ニール教授との共著）を白桃書房に刊行していただいたのは一九九七年のことだった。二〇〇二年にはやはりハーバード大の同プログラムの創設メンバーであり世界的ベストセラーになった *Getting to Yes*（邦題『ハーバード流交渉術』）の共著者であるウィリアム・ユーリ著の邦訳『「話し合い」の技術：交渉と紛争解決のデザイン』（ノースウエスタン大学法科大学院ゴールドバーグ名誉教授および同ケロッグ経営大学院ブレット教授との共著）を出していただいた。交渉者の役割をマネジャーの仕事のコアとしたミンツバーグの邦訳（一九九三年）を嚆矢に、今回も出版に踏み切って下さった大矢栄一郎社長には、日本の交渉学に学術出版からの真のサポートをいただいている。心から感謝を申し上げる。二〇〇三年からは早稲田大学大学院公共経営研究科に、二〇一〇年からは神戸大学大学院社会人ＭＢＡ課程にネゴシエーションの講義が設置されている。

翻訳にも文化差やコンフリクトが伴う。訳出で浮上したそれらの問題は、林麻矢さんの知性と創造性と忍耐力がなければ解決できなかった。事実上の共訳者である。

二〇一四年一月吉日

奥村哲史

交渉のメソッド——リーダーのコア・スキル——【目次】

序

古い対応に頼る「前に」新しい方法を試す

適切な交渉行動をどう培うか

われわれの交渉論には3つの確信がある。交渉は個人の生活と社会生活に絶対必要な要素であること。交渉スキルの習得が、個人の安寧と社会の調和のための鍵になること。生まれながらのネゴシエイターでなくても、学べば誰でも上達できること。交渉は学習可能なのである。

交渉はあらゆる場所で行われている

交渉という「**正式**」な名称がある場面以外にも、交渉といえる「**状況**」がある。本書では正式な名称のつかない状況も、同じように交渉として扱う。

◆「**正式**」な交渉とは、本人が交渉していると認識している場合で、商取引、予算折衝、社内調整をはじめ、不動産、採用、賃金をめぐるやりとりなどである。

◆交渉的な「**状況**」とは、本人が交渉していると気づいていなくても、交渉の形になっている事象で、実は正式な交渉よりも多い。自分の利益を弁護したり、好ましい解決を求めて話し合ったりするのもそうだし、意思決定の話し合いの過程も交渉である。

正式な交渉も暗黙の交渉も、さまざまなレベルで行われている。認めたがらない人もいるが、誰でも「**自分との**」交渉をしている。何かをするためには他の何かを我慢しなければならない。つまり、相反する動機をいつもやりくりしている。時間をどう使うかも、自分との交渉だ。家族との時間をもっととりたいが、キャリアの成功のためにも時間を使いたいし、趣味を深める時間もほしい。着る服を選ぶのも毎回が交渉だ。クローゼットのワードローブに手をかけながら、TPOを考えなければならない。今日の気分に合った服がいいが、プレゼントされた服を着て相手も喜ばせたい。「ソクラテスのダイモーン」は、こうした心の中での交渉があればこそ、人は選択の自由を表現できる、という。無数の新しい組み合わせを思い描く能力が、われわれの本質的な自由を形作るのだ。

「**友人や家族**」との交渉もある。ある決定には、あらかじめルールを定めておくのも良いだろう。若い夫婦なら、クリスマスはそれぞれの実家で交互に過ごすと決めておけば、毎年同じ綱引きを繰り返さずにすむ。だが、圧倒的に多いのはケース・バイ・ケース方式なのだ。ヴァカンスはどこで過ごすか、も毎年交渉になる。子供たちが喜ぶ海にすべきか、新鮮な空気を求めて山に行くべきか、あるいは久しぶりに祖父母の家に行くべきか。あるいは「今夜はどの映画にしようか」など、ごく日常的な決定にも交渉はついてくる。

交渉の必要性が最も顕著になるのは、やはり**「仕事の場や政治的な場」**である。

- 企業には、利害関係者と経営者の間や管理職と社員の間での法的交渉がある。
- 正式な交渉の他にも、昇任人事、任務や負担の配分、配置転換など日々の状況に交渉がある。
- 多くの仕事の中心に交渉がある。調達担当者は納入業者から最安値で購入するために、スポーツ・エージェントはチーム、スポンサー、プレイヤーとの契約のために、コンサルタントはリストラのための情報を企業の担当者から得るために、と枚挙にいとまがない。
- 政治では地方、国家、地域、国際とすべてのレベルで見られる。

2者間交渉から多者間交渉まで、グループ内から複数グループ間までと、交渉の複雑さはさまざまだが、どの組み合わせにも、機能には重要な区別がある。**「契約型交渉」**では**「取引」**による公式な合意が、**「対立解決交渉や危機対応交渉」**では**「紛争解決」**を通じて、多くのレベルでのコミットメントを伴う解決策が求められる。

- だが取引も契約も、マネジメントがまずければ、コンフリクトになる。ガバナンスや日々の経営業務に起こりうる潜在的な摩擦をよく考えずに戦略提携を組んだ2つの会社なら、対立を解決するスキルを現場に導入しなければ、コンフリクトが提携を破綻させかねない。

- 逆に、コンフリクトが優れた交渉プロセスで解決されれば、契約型交渉や解決の道が開通する。

今日の世界では、優れた交渉スキルが不可欠だ

われわれの社会は、**「上から」**の規範でほとんどの処置が決まる**「タテ型の構造」**から、利害関係者が自分たちで規範を構築する**「ヨコ型」**へと変化している。そこに要求されるのが、交渉（話し合い）による意思決定プロセスである。今日では**「相手を倒す」**ことから**「相手と共生する」**ことに重点が移り、敵対関係を協力関係に転換することが重要になっている。こうした状況でしかるべき違いをもたらすのが、優れた交渉力なのだ。だから役割も進化する。

- 現代の優れた**「マネジャー」**は、リーダーであると同時にチームの一員である。自社の挑戦課題を知り、チームと意思決定を進め、従業員や労働組合と密接に連携する。顧客や真のパートナーとなる取引先との関係はフェア・プレイで切り開き、利害関係者からの提案を統合するときには説明責任がある。すべての関係者の利益を尊重するよう努める姿勢が、自らの**「経営者」**として

評価につながる。

◆尊敬に値する「**政治リーダー**」とは、選挙民をはじめ多くの人々とのたゆまぬ対話と交流から、誠実に改革に取り組む者のことをいう。交渉プロセスを指揮する方法と適正な成果を実現する方法を理解している。さまざまなプレイヤーたちとの不断の交渉だけでなく、公共の利益と合意形成についてては、世論とのヴァーチャルな交渉も必要だ。

◆「**弁護士**」も交渉人である。今日求められるのは、ただ裁判官の判決を待つ代理人ではなく、依頼人の助言者としての役割である。依頼人との信頼関係を育て、長期的な視野を持って契約内容を練る。紛争が発生したら、すぐに訴訟という不確実な道に降りるのではなく、話し合いによる解決に導くように動く。

こうしたさまざまなプロフェッショナルの姿から、「**リーダーシップの新しいかたち**」が見えてくる。新しいリーダーシップは、どうすべきか、だけでなく、どうあるべきか、を知っていることが基盤になる。自分の職能に関連した伝統的、技術的なスキルは当然ながら、現代のリーダーには、長期にわたって持続するパートナーシップとチーム・マネジメントの鍵になる対人スキルがこれまで以上に要求される。

◆本書で展開する「**新しい技法**」は、問題が取引型か紛争型かを問わず、その解決のための方法論である。問題解決のプロセスでは、互いにメリットのある解決策を創り出していくために、交渉者は関わるすべての人々の多様な動機を探す。固い結び目を解くために、**「正当な規準」**を活用する。利害に関わるすべての人々がプロセスに関与する必要を説く。効率的な情報交換と各々の権限に注意する。敵対視していた人も含め、誰に対しても積極的に耳を傾ける。そして、いくつかの可能なシナリオを想定し、互いの価値をじっくりと創出したうえで、合意案を策定する。

◆**「新タイプのリーダーシップ」**には多くの資質が求められる。建設的な精神、協調性、共存姿勢、想像力と創造力、形式への柔軟さと内容への堅実さ、謙虚さと奉仕の心、感情への知性と関係への知性、共感力と主張力、正当性を求める忍耐力と冷静さ、権限委譲、透明性、意思決定過程のサポート、最大限のコンセンサスの探求、決定に対する説明責任と対応責任。

◆交渉の技術と手法は**「よりバランスのとれた社会」**を目指すためのものだ。真の改革とは、強制されるものではなく、交渉による進化がもたらす革命をいう。これは社会を成熟した考え方でとらえるための手段の提案でもある。政府と市民、政府と企業、政府とNGO、市民と市民、経営者と労働者の間での有意義で広範な対話を深め、より参加的でオープンな社会に向かう手段が交渉なのだ。

優れたリーダーは優れたネゴシエイターでもある。**「新たな合意」**をまとめ上げ、革新的な計画を実行に移し、対立に向き合い、解決し、組織の資源を高め、コストを削減し、内外の環境を改善できる人物がリーダーなのだ。**「優れたネゴシエイターたるリーダー」**は、ひとつの組織においてだけでなく、今日ではもっと広く、社会全体の進化のためにも絶対に必要な存在だ。だが、そんな人材は鍛えることなし育ちはしない。

優れた交渉力は天から与えられるものではない。培うものだ

交渉は学ぶ技術である。交渉力は天賦の知識でも、暗記できる理論でもない。これはいくつもの学問領域（組織社会学、歴史、政治学、哲学、戦略論、ゲーム理論、経営学、心理学）に彩られる複合体の方法論であり、現実の世界で検証されている。交渉力を育成するための鍵は2つある。ひとつは実務経験。もうひとつは読書、解釈、訓練によってえられる交渉学の知識である。

本書では、研究者、教育者、交渉実務家としてのわれわれの経験を共有してほしい。われわれは、四大陸五〇か国を超える地域で、現在および未来の政治指導者、営利組織や非営利組織の指導者をコーチしてきた。どの研修の場も、参加者の交渉体験から学び、異なる方法論と向き合い、最も適切な理論を練る大切な機会だった。本書の構想と方法は、これらの参加者が試し、有効性が確認されている。また、『交渉のメソッド』の基礎には、調査と経験および交渉に関する最新の研究と一般理論とともに、

ヨーロッパの古代から現代の理論家と実務家による教えがある。

この『メソッド』は、背景を問わず、日々の交渉に関心や懸念がある人のために書かれたものである。人間関係、法的交渉、商取引、外交など特定の交渉に限定せず**「交渉学概論」**と見ていただきたい。交渉のタイプはいろいろでも、実際には相違点よりも共通点の方が圧倒的に多い。2社間のビジネス交渉、新しい道路建設に関する自治体と地域住民の交渉、夫婦の離婚問題、どれも準備のためのフォーマットは同じで（第2章）、パイの拡大と獲得をめぐる緊張はどの交渉にも生まれ（第4章）、発生するコミュニケーション問題もよく似ている（第5章）。

本書は**「実用性」**を目指し、問題解決の具体策を提案し、諸概念を説明する事例を多数挙げている。実用を前提とすればこそ、相手との関係はどうか、行動がもたらすリスクや時間はどうか、といった難題も出てくる。そこに、これだけやっておけばよい、という安直な対策はない。それぞれのコンテクストに、どのアプローチをどう使うかはみなさん次第である。『メソッド』は読むだけの交渉理論ではなく、**「ご自身の交渉手法を形成する」**ために、関連領域から導いたコンセプトとツールの集合体として活用していただきたい。

交渉の「**前**」にすべき動きと「**後**」にすべき動きを明確にする

交渉では「**前**」と「**後**」の区別ができることが大切である。ところが、まっさきに取り組むべき「**重要なこと**」を忘れ、反射的に「**明白なこと**」に目が行き、そこから手をつけてしまいがちだ。この違いを心にとどめておくことが成功の鍵である。

第1章は「**交渉を始める前に、問い直すことがいかに重要か**」。10の直感の落とし穴に陥らぬよう、判断や行動に一拍おいてみる。後の章では、こうした落とし穴に対する解決策が展開する。

第2章は「**相手と会う前に、交渉を準備することがいかに重要か**」。交渉は予測が第一で、行動はその次である。準備なき交渉には失敗が待ち構えている。効果的な準備の整え方には3つの重要な要素がある。「**誰**」と交渉するのか、人間に関する要素。「**なに**」について交渉するのか、課題に関する要素。「**どう**」交渉するのか、プロセスに関する要素である。交渉準備の10原則と、本書で活躍するコンセプトの多くがここに登場する。

第3章は「**交渉では、明白なことの前に大切なことを**」という本書の『メソッド』の心臓部になる。「**明白なこと**」とは、目の前の問題に手を出し、自分の利益を主張し、自分に有利な解決を提示し、より多くの取り分を要求し、合意をまとめようとすることをいう。しかし、交渉のわかりきった「**目的**」をどうこうしようとする前に、まず、人に目を向ける、つまり関係を築くこと、それからプロセスを構築することが**「重要」**なのだ。この3つの要素を**「人から組織、そしてプロセスへ」**という流れに慎重に落とし込むことが、あらゆる交渉の成功の鍵になる。そして、自分の利益を主張する前に相手の話に耳を傾け、相手の利益を理解すること、正しい解決がひとつだけと決める前に、複数の案を検討すること、合意案が自分の権限の範囲にあることを確認しなければならない。

交渉では反射的に、自分の取り分を大きくすることばかりに気が行き、相手を考えなくなるものだ。**「重要なのは、パイを切り分ける前に、協力してパイをできるだけ大きくすること」**である。第4章では、相互の情報交換と強硬な交渉態度への効果的対応から、この点を考える。

明快で効率的なコミュニケーションで交渉を始めるためには、2つのスキルを次の順序で使うことを習得しなければならない。**「話す前に聞く」**、これが第5章のテーマである。説得力は話すことにある、と思いこんでいる交渉者が多い。しかし、相手を理解していることを示さぬままで、相手は納得するのだろうか。誰しも話すし聞くのだが、うまく聞き、うまく話す方法を知っている人は実に少ない。

価値を分配する前にその価値を生み出すためには、しっかりした論理的知性が必要だが、**難しい交渉をさばくには「関係性への知性」**も備えていなければならない。目の前の問題に手をつける前に、感情に適切に対処し、和らげることが不可欠だ。第6章は、交渉状況でよく見られる攻撃的で厄介な行動を検討し、それらに直面したときの建設的な対応を提案する。

第7章は**「交渉をより複雑にする3つの背景」**になる、当事者に代わり代理人が行う交渉、多者間での交渉、多文化間での交渉である。ここでは、**「行動をとる前に、自分なりの方法を磨くこと」**も

大切である。関係者が増え、多文化になると、暗い水の中を進むようで、自然な防衛本能が作用し、反射的な行動をとりやすくなる。第1章で解説する潜在的な落とし穴から自分を守り、より良い準備をし、効果的な交渉の流れを作り、実行し、コミュニケーションと関係性に伴う難題を継続的に解決する。

第8章は本書の結論である。交渉の最後のステップとして、話し合いを終える前には、合意を形にすることがある。この最後の局面は、第1章から7章のステップによって決まる。友好的な雰囲気に安心し、気分が先行すると、大切な細部を詰めず、早計な結論に終わることが多い。そうならぬよう、合意案のあらゆる点を細部まで正確にチェックし、各当事者の責任を明記した実行計画を策定し、合意案が当事者の権限の範囲にあることも確かめた上で、関連する権利と義務をすべて一つひとつ明確にしなければならない。

本書を読了後はぜひ、交渉の実践を、楽しんでください。

第1章 交渉する「前に」問い直す

直感型を超えるために

ふつうは、運転教習を受けずにアクセルを踏み込んだり、レシピも見ずに手の込んだ料理を作ったりはしないものだ。遠い国を旅行するときに、ガイドブックも読まず、現地に行った人の話も聞かずに飛び出したりもしないだろう。だが交渉では、ほとんどの人が研修を受けず、本も読まず、専門家の助言も得ぬまま始めている。私たちは、これほど揉め事が頻発する世界に住みながら、対立や衝突がなぜ、どのように起こり、どう収まるかについて、最低限の知識も持たぬまま暮らしている。

直感で行われることが圧倒的に多いのが交渉だ。自分なりのやり方で交渉しがちで、しかもそれしかないと思っている人が多い。交渉は直感に左右され、それによる破滅的な結果も多い社会現象なのだ。過去の交渉事例を調べると、そうした行動がいかに多大な損害をもたらしているかがよくわかる。長々と事例を並べたりはしないが、その不幸な結末のいくつかはおって紹介する。

習癖のままに交渉していると、人間関係に緊張を生み、取引費用を高め、ものごとを進める能力を損ない、交渉プロセスを硬直化させ、資源を浪費し、計画を破綻させ、担当者の人物評価を下げ、今後のやりとりの阻害要因を生み、対立をエスカレートさせ、内部承認でもめるうえに、実施の覚束ない合意に署名し、時間を空費する。例を挙げればきりがない。直感だけの交渉は、こうした危険な振動を引き起こす可能性を高める。私たちは自分の直感を見つめ、問い直し、必要なら改めなければならない。

「交渉に先立って非常に必要なのが、問い直すこと」なのだが、問うべきは、まず自分自身である。自分の交渉行動をふり返り、疑問を投げかけることで、自身の技術をチェックし、バージョンアップさせる良い機会となる。デカルトは『方法序説』で次のように述べている。疑う、すなわち、問う、とは**「前から意識に埋め込まれていたかもしれないあらゆる思い違いを掘り起こし」**(1)土台をしっかりさせることなのだ。自分の交渉メソッドを構築する出発点は、ここから始まる。

この、建設的に疑うこと、を第1章で検証する。不注意な人たちが陥る落とし穴となる10の直感の作用をとりあげ、直感型交渉者の姿を描写する。この目的は、ありがちな交渉行動の概略を示すことにとどめ、とるべき適切な交渉行動の詳細は後述する。まずは落とし穴を把握しよう。

直感の落とし穴1
――学習サイクルの欠如

第一の落とし穴は学習の欠落で、後続の落とし穴すべてにつながる。未熟な交渉者に多いのが、ただページをぱらぱらめくるような態度である。前日の交渉の反省をしないまま、今日の交渉を軽率に進めてしまう。稚拙な交渉や非効率な結果の理由はたいていこれだ。失敗をくよくよ考えたくないのも人情だが、順調に運び、成功裏にまとまった交渉にも、「すべてうまくいったのだから、起こったことをわざわざ反省しなくてもいいだろう」と同じ態度になる。交渉力の習得は実務経験しかないという考えは改めるべきだ。もちろん、熟達には経験が不可欠なのだが、条件がある。経験が価値を持つためには、内省という分析がいるのだ。内省がなければ、成功の鍵も身につかず、同じミスを繰り返す。ある曲の演奏でいつも同じところでつっかえるような、同じ過ちを重ねることは実に多い。

優れた運動選手は、これをよく理解しており、自分の競技の後には必ず、録画した動きをスロー再生し、批判し、検討する。時には練習も録画し、大一番の直前まで、技術や戦術を分析している。これら一連の行動は2つの情報を得るのに役立つ。第一は、自分の強いところが明確になり、次の競技や試合の拠り所になることだ。第二は、自分の弱点が明確になり、改善点がわかり、練習での優先項目になることだ。戦闘機のパイロットも同じ考えに立って、経験を分析する。次の作戦準備の際には、前回の作戦行動から戦訓を共有し、毎回、戦果の改善に努める。交渉者もこうした優れた習慣を吸収すべきだ。

「ひとつの交渉経験から教訓を得ることは、プロセス全体のほんの一歩にすぎない」。ひとつの交渉を終えるごとに、次回の改善を期するために、次の質問を考える時間をぜひとってほしい。

- **「交渉」**全般について、私は何を学んだか。
- 交渉者としての**「自分自身」**について、私は何を学んだか。
- 私が継続すべき**「同じこと」**は何で、その理由は何か（私の強い点は何なのか。活用できるのはどれか）。
- 私が**「変える」**べきことは何で、その理由は何か、そしてどう変えるのか（私の弱点は何で、改善する余地はどこにあるか）。
- 次回の交渉をうまく進めるために、私が**「目指すべき」**は何か。

この質問とあなたの回答をファイルに記録し、交渉のたびに更新して、航海日誌のごとくするのもよい。この日誌を使って、次の交渉の準備を整え、終了後はふり返る時間をとってフォローアップを行う。これを続ければ、自分の交渉を正しく把握できるようになり、学習した教訓が将来に生きるだろう。**「優れた学習サイクル」**を充実させる例をいくつか見ておこう。

- 自分があたる現実の交渉を注意深く観察しよう。他の人たちのやり方を研究することから学べることも多い。模範となるやり方を認める肯定的な立場と、欠陥のあるやり方を排除する批判的な立場の両方から状況を検討し、分析的な思考態度を持とう。

- 報道や映画に出てくる交渉も詳細に分析しよう。
- 自分の方法を直視し、刷新する決意を持って、交渉の文献や論文を読もう。
- 仕事の状況もプライベートな状況も交渉の視点から考えることで、本書で紹介するツールはさらにわかりやすくなる。

経験と分析を重ねることで、非生産的な反射行動を取り除き、より効果的な手法をとり入れていけば、自分のスタイルを確立できる。

直感の落とし穴2
——立場中心主義《ポジショナリズム》

立場中心主義とは、まさに「**私の立場に同意せよ**」と譲らぬ姿勢であり、「**解決はひとつしかない。私が主張しているものだけだ**」とか「**交渉の余地はない**」といった主張に居座る態度である。直感的な交渉者は、相手が疲れて譲歩するのを期待し、できる限り自分の立場に固執しようとする。だが、その要求通りの結果になることはまずなく、たいていは、次のどれか、ないし組み合わせに陥る。

- 双方のコストがかさみ、交渉が膠着する。
- 当事者は自分の立場を守るために資源を投入し、他のプロジェクトが犠牲になる。
- 双方の関係が悪化する。
- 相手が交渉の席を蹴って去る。
- 一方が譲歩するが、以後は相手との取引を打ち切る。あるいは、譲歩した側が**「面子を失った」**と感じ、いずれ仕返しする、と決意する。

立場中心主義は交渉をただの駆け引きにしてしまう。双方が初めから極端な立場をとり、それをできるだけ長く維持し、心を開くことは拒否する。そして譲っても幅はごくわずかで、動いて自分の評価を落とさぬよう防御を固める。このアプローチの効率性は事実上ゼロといってよい。

立場中心主義の落とし穴は、交渉者の利益か、もっと良いのは根底に隠れている動機に基づいて交渉することで回避できる(2)。詳細は第2章に譲り、ここでは、立場中心の交渉と動機を基本とした交渉との違いを、次の例で比較しよう。

マダガスカルの灌木

ある日、マダガスカル政府はスイスの製薬会社の代表者の訪問を受けた。この会社は、マダガスカルにしかない希少な灌木を原料とした新薬の生産の準備をしていて、投資と雇用創出のメリットを説き、条件としてこの灌木が生育している土地の占有権を認めるよう求めた。マダガスカル政府にとってはこの灌木の利用価値がなかったので、素晴らしい機会になると思われた。話し合いが始まった頃、米国の化粧品会社もマダガスカル政府に会談を求めてきた。この会社は同じ灌木を原料とする新しい化粧品を売り出す準備をしており、同じ条件で同じような提案をしてきた。つまり、同じ土地の占有権に競合が現れたのである。一方に占有権を与えて、他方を怒らせたくないというジレンマで、マダガスカル政府は双方の代表者に解決策を話し合うように提案した。だが、両社は共に立場中心主義に凝り固まり、この土地の全面的な占有という要求を続けた。事態を解決するには入札しかないのではないか、と両社が言い出し、この時点で交渉はお決まりの筋道を辿りそうだった。だがこの時、出されたひとつの質問が、話し合いの焦点を立場から動機に変えた。この灌木を具体的にどう使うのか、という質問である。これへの回答から、各々の薬品と化粧品には、共にその灌木のもつ活性分子を必要とするのだが、求めている成分は違うことがわかったのだ。両社ともこの灌木が全部ほしいという立場をとって衝突していたのだが、真の動機は特定の成分を使うことであり、幸いにも、それぞれ灌木の異なる部分からとれるのだった。一方は葉の部分であり、他方は根の部分だった。立場中心のやりとりは、特定の成分を入手する、という真の動機を覆い隠していたが、ひとつの質問が動機をあぶり出したことで、各々の製品を実現する解決策につながり、マダガスカル政府も当初オファーされていた中身の２倍のメリットを享受できることになった。

直感の落とし穴3
――競合型アプローチ

競合型の交渉法は立場中心主義と対になっていることが多い。**「私の立場を通さなければならない、そのためには、相手を倒さなければならない」**。この筋書きの前提には、**「相手」**に対する不信がある。取引というものをゼロサム・ゲームと見ているのだ。あらゆる交渉は勝者と敗者に分ける対立なのだ、という戦闘思考である。**「相手」**は敵であり、勝つためには何でもする。**「ビジネスはビジネス」**なのだから、あらゆる戦術が正当化される。どんな協調姿勢も弱さの現われであり、背信行為とさえ言われかねない。

こうした表現が強すぎると思われる方も、直感的な交渉者の多くがこのアプローチを好むことには注意してほしい。パートナーシップに向けて歩む話も、こうした考え方で交渉を行えば、有害な雰囲気、何層もの妨害、緊張と対立の種をまくことになる。価値創出など、まったく生まれないかもしれない。なんとか合意に達しても、多大な圧力の下での合意だから、譲歩しすぎた、次回は必ず奪い返さねばならないといったしこりも残ろう。

競合型アプローチの落とし穴の回避は、協調を中心とするアプローチを基軸とすることが第一だ(3)。3―6章がこれを解説する。信頼の構築、自分の動機だけでなく相手の動機への配慮の検討、話すより聞くことの優先、バランスのとれた形での情報の交換、持続するコミットメントの形成、自己の抑制、これらはいずれも協調中心型の鍵になる。

われわれがただ「**協調**」と言わず「**協調中心**」という言葉を使っているのには理由がある。交渉は直感的に、勝ち負けのある競合型の視点で見られがちなのだが、交渉学は「**協調的アプローチ**」を提唱したハーバード大学のロジャー・フィッシャーとウィリアム・ユーリによるビロード革命を経験している。フィッシャーとユーリは、主張と主張の戦いを、当事者間の平和な関係を求める、よりバランスのあるアプローチに転換し、理性的な方法を使って、客観的規準に基づく解決を求めることを奨励している。目指すのは「**相互に満足する合意**」であり、それは「**ウィン・ウィン**」という表現で定着している。

彼らの理論は、「**原則立脚型交渉**」と呼ばれ、交渉の考え方やアプローチのにおけるエポック・メイキングになった。しかし、どの理論もそうであるように、これにも限界がある(4)。実際はそう簡単に理論通りには運ばない。だが、彼らの理論が理想主義的だと決めつけるのは間違いだ。原則立脚型交渉にある構想の多くは、特に交渉の準備局面については適切かつ実用的である。ただし、そのままでは、やはり楽観的だ。**「原則立脚型」**で臨む交渉者が、**「原則」**など考えない相手とぶつかったときの挫折や幻滅は想像に難くない。

われわれはフィッシャーとユーリの考え方を多く取り入れているが、より現実主義的な文献もふまえて、「ウィン・ウィン」理論の欠点のいくつかを補おうとしている。たとえば、パイを切り分けるという課題は、彼らのアプローチでは部分的な解決でしかない。パイを大きくできたとしても、交渉の最後では、それを切り分ける必要がある。パイを切り分けるという難問から目をそらさず、この課題を認識し、真正面からぶつかろうという点で、本書のアプローチは**「協調中心型」**なのである。「ウィン・ウィン」理論の成果はどれも大切である。だからといって、最終的な結果が必ず、利得の**「事実上の」**均衡や平等につながり、全員の**「動機」**を余さず満たし、あらゆる緊張が和らぐ、というわけではないのも事実なのだ。

直感の落とし穴4
――折衝型アプローチ

フィッシャーとユーリの革命が交渉の理論と実践に衝撃を与えたのは、競合型の策略を使うのが最

図1-1　折衝型交渉

図1-2　問題解決型アプローチによる交渉

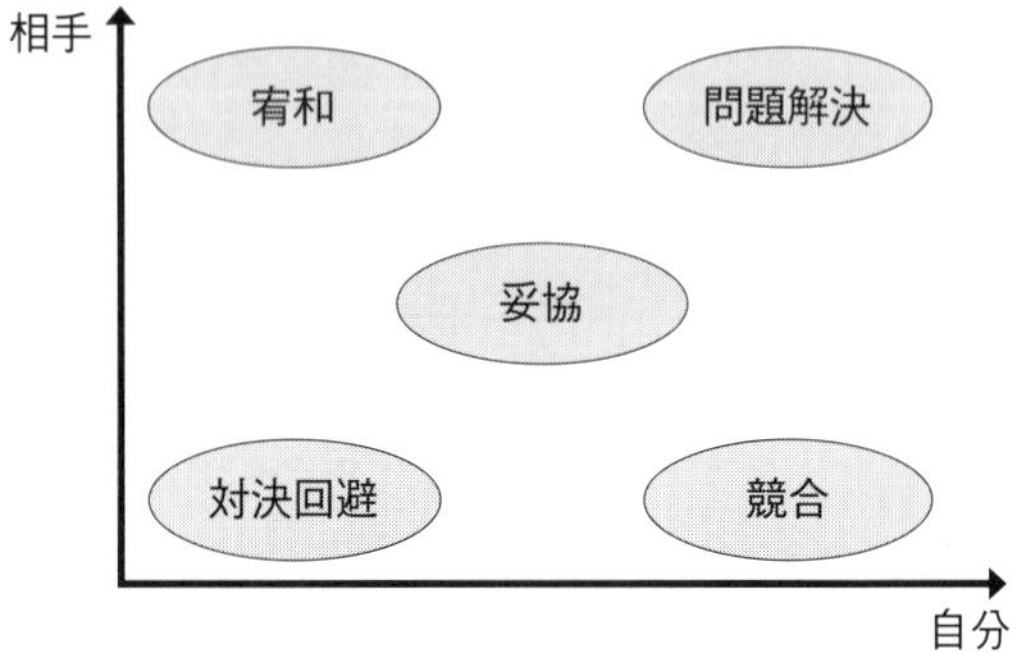

良の交渉者だという迷信を破壊しただけでなく、妥協ないし「**ギブ・アンド・テイク**」のメリットにも疑問を投げかけたからだ。「勝つか負けるか」のアプローチ（その多くは「共倒れ」になる）が好ましくないとしても、よくある「ギブ・アンド・テイク」アプローチにも欠点はある。これが、対立を避け、妥協するために、互いに「**間で**」折り合うことを前提にしていることだ。悪くはなさそうだが、そこには価値を創出する機会を結果的に逸するという大きな欠陥がある（**図1-1**）。

こうした折衝型の落とし穴を避けるには、問題解決に集中することが鍵だ。問題解決アプローチとは、自分の利得は相手が損することでしか得られず、相手の利得はこちらが損することでしか得られないという単純な思い込みを超え、価値を創出して、双方が最大限の満足を得られるようにすることである。これは、懐柔や宥和（「**相手に屈服する**」）ではなく、競合（「**自分の要求はすべて勝ち取り、相手には何もやらない**」）でもなく、譲歩や妥協（**「自分がいくらか譲り、相手もいくらか譲る」**）でもなく、また対決回避やゼロサム（**「どちらも何も得ない」**）でもない（図1-2）。

もっとも、図の北東の最適ポイントに到達するのが難しいことを認めるのも大切である。成功には、優れた交渉技術、好ましい状況、相手の意欲が組み合わさることが必要なのだ。それでも、譲歩による妥協型アプローチから離れ、**「北東方向」**に向かうことは可能だ。それには、当事者全員の動機をよく理解し、創意に富む選択肢を使って価値を創出することが必要になる。原則立脚型交渉の事例から、このアプローチを説明しよう[5]。

キャンプ・デービッド合意

一九六七年の六日戦争でイスラエルはエジプトのシナイ半島を占領した。エジプトとイスラエルが一九七八年、和平交渉の席に着いたとき、双方ともシナイ半島の統治権を要求した。イスラエルは安全保障に、エジプトは歴史の正当性に動機があった。どの折衷案にも国境の画定が含まれており、それは互いに受容できなかった。だが、イスラエルの安全を保障するいくつかの広大な非武装地域をエジプトが指定し実行する限り、エジプトはシナイ半島に対する完全統治を回復する、という案がまとまった。

一方の国に完全な統治権を認めて、他方の国の安全保障を実現することを承認することで、交渉が変化したのだ。この例が語るのは、折衷案に反対する交渉も必要だということである。妥協型アプローチが満足とは程遠い結果になることは少なくない。食前のシャンパンも食後のコーヒーも室温で出てくるディナーのようなものだ。キャンプ・デービッド合意は、立場中心主義も妥協型も克服している。立場による交渉（シナイ半島の維持か返還か）や妥協型交渉は失敗しながら、根本的な動機（統治権／安全保障）を真剣に取り上げた交渉は成功したのである。

直感の落とし穴5
――人と問題を混同する

どの交渉にも、少なくとも二人の人間がいて、問題（一連の協議事項）を話し合うための関係を形成し、深めることが必要になる。ここで、多くの交渉者が無意識に、問題の中身と相手との関係を混同し、交渉内容に対する疑問と相手の人物に対する疑問をごっちゃにする。

- 交渉者が**「人間関係のために、問題について大きな譲歩をする」**誘惑にかられるかもしれない場合がある。人間関係を良好に保ちたい、一人の上級コンサルタントがいたとしよう。彼女は担当任務の配分を、客観的規準（コンサルタントのスキルと任務の関係や業務負担、経済性など）からではなく、同僚の見解や意欲で決めている。場合によっては、その**「関係重視型」**の親和的姿勢のせいで、彼女は潜在的な脅しの矢面に立たされかねない。「お互いに長いことやってきた仲じゃないですか。これはやってくれますね」とか「ねえ、私たちは仲間でしょ。これができないなんて言わないでね」と迫られるのだ。

◆交渉者が**「中身をとるために人間関係を犠牲にする」**かもしれない場合もある。直感型の交渉者は、目下の懸案で相手から譲歩を勝ち取ろうと躍起になり、圧力をかけすぎて関係を傷つけるかもしれない。「道路のでこぼこを気にするな。結果を得ること以外はどうでもいい」。この姿勢は的外れなだけでなく、次の短期志向の落とし穴の好例である。

時にはこの2つの態度が重なり、非生産的な交渉戦術をもたらす。**「ヴェルヴェットの手に鋼鉄の手袋をはめる」**のだ。直感型交渉者が、相手に対して自然に攻撃的で強硬になるのは、中身を勝ち取るのはその方法しかないと思い込んでいるためだ。そんな姿勢では破滅的な結果しかないとわかり、修正しようとすると、当然ながら、今度は問題に対して軟弱になる。

交渉が対立の解消を目的とする場合、問題と人間関係の混同はいっそう際立つ。直感型交渉者は自分の目の前の相手と**「一緒に」**問題を解決するということを忘れ、逆に、自分が問題と混同している人間を攻撃する。第6章は、こうした状況で感情的な緊張を制御するための方法を提示する。

問題と人間関係を混同するという落とし穴の回避は、問題にはタフにあたりつつ、人間にはソフトなアプローチに軸足を置くことが鍵になる。(6) 鋼鉄の手にヴェルヴェットの手袋をはめるのである。

直感の落とし穴6
――短期志向

直感型交渉者は、目先のことにばかりに集中し、長期的なことをおろそかにする。交渉者は将来というものを心に留めておくべきであり、この小さな惑星の上では二人の人間が再会することもあると想定しておくのが賢明だろう。次の実話がある。

ある外交官のアパート

若いカナダ人外交官が、初めての国外任務でパリに派遣され、同じころ海外勤務になったフランス人外交官が所有するアパートを借りた。敷金として2か月分の家賃を払い、ここに引っ越した。三年後、このカナダ人は帰国することになった。彼はアパートをきれいに使ってきたので、最後の2か月分の家賃を払うのを躊躇した。敷金として同額を所有者に払っていたし、カナダに帰国してから住むアパートの敷金用に現金を持っている必要があったのだ。不動産の所有者は一般に、こうした行為を喜ばないものである。最終的には、彼は契約に従うことを決め、最後の2か月分の家賃を払った。もちろん、敷金は四か月後には返された。彼は出世し、二五年後イスラエル駐在カナダ大使に任命された。テルアビブに到着するとすぐ、各国の大使と会うために各大使館を訪問した。フランス大使館で会ったフランス大使にはおぼろげながらなじみがあるように感じた。そう、このフランス大使は、二五年前にパリで借りたアパートの家主だった。

「短期的視野に陥る落とし穴を避けるには、交渉とは無期限に続きうるものだ、と考えることが鍵になる」。近い将来に目に見える利害がないように思える場合でも、交流には終わりがない、と思うべきなのだ。実際に、交渉した相手本人と再会したり、その人を知っている人物と会ったりする確率は高い。その可能性を考えれば、抜け駆けやあざとい行動で自分自身の評判を危険にさらしてはならない、慎重に行動すべきだ、と言えるだろう。「未来を忘れるな」とは、フランスの詩人ルイ・アラゴンの言葉だ。映画監督ウディ・アレンは「未来が厄介なのは、われわれが否応なしにそれを生きていく定めにあることだ」と言う。フランス国王ルイ一四世の老練な外交官で、最初の偉大な交渉理論家の一人、フランソワ・ド・カリエールは次のように書いている。

「交渉家が心に銘記せねばならないのは、一生の間にいくつもの交渉事を扱う、ということだ。だから良い評判を得ることは本人の利益であり、その評判を有形の財産のように大切にすべきだ。この評判があれば、今後の交渉の成功が容易になる」(7)

直感の落とし穴7
──「これしかない」の罠

ここまでの落とし穴をすべて避けられる人でも、目の前の問題の「解決策はこれしかない」と思いやすい。しかもそれは、ほぼ間違いなく「自分が主張する解決策」なのである。しかし、多様な解決案の発見は可能なのだと考え、難関は障害ではなく機会とみなすアプローチを選べば、他にも解決案は多数存在することがわかる。この時も、胸襟を開き、信頼を育てることが大切になる。これを実行する最良の方法は、ブレインストーミングで、できるだけ多くの解決案を考案することだ。逆説的ながら、可能性のある解決案がたくさん見つかるほど、最良の解決を見つけるのが容易になる。

「これしかない」という落とし穴は、できるだけ多くの解決案を開発するためにブレインストーミングのルールを決めることで回避できる。交渉の間は、立場主義を避けて、動機に集中しても、動機を満たす方法については柔軟性を維持しなければならない。とりうる最悪の行動は、自分勝手な確信に閉じこもり、自分の考えた案や最初にテーブルに出された案が唯一最良の解決だと思い込むことである。交渉者の目標は、ただ合意に達することではなく、あらゆる可能な解決案の中からベストの合意を確定することにあるのを忘れてはならない。

直感の落とし穴8
――専断的解決

直感型交渉者がとる反射行動で、「これしかない」と対をなすのが、自分は正しい、それを証明するために議論をする必要もない、という思い込みである。自分に相手よりも権限がある場合は、さらに有害だ。上司であれば、速やかに決定しようと、意向を部下に押しつける誘惑が生まれる。そうして押しつければ、権限の乱用だ、専断的だと非難される危険もある。大きな権限を有するからといって、自分の行為の説明責任を免れるわけでもない。実際は逆で、持てる権限が大きいほど、自分の行為の合理性と正当性には説明責任が問われるのだ。

力関係が同じでも、直感型交渉者は、相手はわかっているはずだと無意識に仮定し、自分の行為の合理性や正当性の説明を省くことがある。現実を正しく理解していないのだ。誰しも、自分なりの見方で世界を解釈しているのに、相手も自分と同じ見方をしていると思うのは間違いだ。ビジョンを共有しているという前提で行動すればするほど、自分を失敗にさらすことになる。

「専断的印象を避けるには、解決案を提示する前に、その正当性を説明することが鍵になる」。解決案を述べる前には、その背後にある原則や主張について明確にしておくことが必須である。前もって明確な正当化基準を示すのは、提示する解決案の重しになり、後になって説明を補うよりははるかに効果的である。解決案を提示された相手が防御姿勢を固め、「後から」どんな説明をされても耳を貸さなくなるのは自然な反応だということに注意すべきだ。交渉者が自分の主張の根拠や基準について明確であるほど、議論は原則を焦点とし、意地のぶつかり合いとはなりにくいだろう。

直感の落とし穴9
――自己過信

よくあるのは、交渉者が自らの技量と合理性は高く評価し、しかも、相手の技量と合理性は低く評価したくなることだ。オランダの哲学者スピノザは主観的傾向について、私たちは良い解決を求めるといいながら、実は、欲している解決を良しとするのだ、と言う。自分の善意や合理性を押し通そうとするが、相手のそれは無視する。このバイアスは不誠実の温床となるのだが、残念なことに交渉ではごく一般的に見られる。たとえば、

- 私はあらゆる努力をしたが、相手は何もしていない。
- 私は合意したいのだが、自分には権限がない。だが、相手はその権限があるのに使おうとしない。
- 私は善意なのに、相手が勘違いしている。
- 私の提案が受け入れられないのは、相手が内容を理解していないからだ。私が相手の提案を受け入れないのは、内容が悪すぎるからだ。

- 私が怒っているのは、相手が極端すぎるからだ。相手が怒っているのは、自制心がないからだ。

認識の食い違いは、交渉行動を解釈するときに不健全な不協和音をもたらす。同じ態度も、人によってまったく逆の解釈をされることがある（表1-1参照）。

「地獄とは他者である」とサルトルが言っている。自分の誠意を確信している交渉者は、相手と交渉するときに、**「最悪の事態を想定すべきだ」**と習慣で当然のごとく仮定してしまう。こうなると、交渉は車の運転と同じで、事故が起きると、実に簡単に相手を非難し、自分を弁護する理由はどんどん見つかる。キース・オルレッド(8)は、これを**「原告のバイアスと被告のバイアス」**の一般的な組み合わせだと言っている。

視点が偏ったままだと、交渉は壁に突き当たる。そうなると、直感型交渉者は次のような前提を鵜呑みにし、競争的で欺瞞的な行動をとってしまう。

- 「相手はこちらの欺瞞に気づかないだろう」
- 「気づいたとしても、こちらに対抗してこないだろう」
- 「いずれにせよ、復讐はしてこないだろう」
- 「最終的には、忘れるだろう」

問題は、相手の交渉者がこちらが思うほど間抜けだというのはめったにないということだ。自分同

表1-1

	自己への過大評価	相手への低評価
1	私はブレない	相手は頑固だ
	相手の戦術から自分を守らなければならない	相手はいつも極端な要求をする
2	私は細やかだ	相手は些細なことにこだわる
	私は正確に考える能力がある	相手は私を困らせるためだけに物事を複雑にする
3	私には直観力がある	相手はとにかく鈍い
	私は自分の感覚を信頼できる	相手は直感的なミスを繰り返す
4	私は明確でオープンだ	相手は情報を隠す
	私は情報を広く開示する	相手は意図的に重要な情報を隠している
5	私は公平だ	相手は取り分以上にほしがる
	私が争うのは公平さのためだけだ	相手は公平な合意を拒否する
6	私は曖昧さや不安を感じる	相手は愚痴をこぼす
	相手は私を騙そうとしているようだ	相手はいつも文句を言っている
7	私は慎重だ	相手は手順にうるさい
	私は良い合意に向けてきちんと進めたい	相手は遅延戦術を使っている
8	私は賢い	相手はずる賢い
	私は戦術を使うし予測する	相手はいつも私を罠にはめようとする
9	私は友好的だ	相手は偽善者だ
	私は柔軟な姿勢だ	相手は偽の譲歩をしてくる
10	私は実利的だ	相手は信用できない
	変化が起きれば、私は新しい状況に適応する	相手はいつも前言を取り消す

様、誰しも操られることは好まないのである。

「自己への過大評価と相手への低評価という落とし穴を避けるには、常に自分自身を省みる習慣を身につけ、疑わしい時にも相手を好意的に解釈し、最終的には、自分の聞く技術と話す技術を磨くことが鍵になる」。第5章では、認識の食い違いを克服する方法を、第6章では破壊的行動の裏にある感情的な緊張を制するためのツールを提供する。

直感の落とし穴10
――交渉マニア

「すべては交渉可能だ」という表現は、使える意思決定の道具は交渉しかないのだという、直感型交渉者にありがちな欠点を示している。何が交渉可能で、何が交渉不可能かを区別する能力を持つことはたいへん重要である。交渉マニアが、難しい決定の実行を遅らせる煙幕になっていることがしばしばある。時にはそれを口実にして、当事者が責任をとることや行動をとることを拒否することもある。

交渉マニアの落とし穴を避けるには、情況を慎重に検討し、交渉が最良の行動方針かどうかを確認することが鍵になる。たとえば、

◆とるべき適切な行動を明確にできる、しっかりした前例や法律がない場合は、交渉が役に立つだ

ろう。しかし、民主選挙の結果や公布された法律の施行は交渉対象ではない。

- さまざまな当事者が相互依存の関係にある場合は、一方的な決定は推奨されないし、可能でもないので、交渉が有効だ。
- 切迫した緊急性が存在する場合は、解決策の交渉は初めから排除される。森林火災であれば、消防士は直ちに行動しなければならない。そこに交渉の余地はない。しかし、目の前の課題が森林火災の予防であれば、さまざまな関係者間（消防士、議員、森林管理者、地元住民など）の交渉が最良の手段である。
- 効率性を考え、さまざまな関係者の役割と責任を明確にしておくと、交渉プロセスもはかどる。それでも、ある種の経営決定をCEOが経営陣にいちいち相談せずに下すことはある。それが効率的だからだ。交渉（戦略や使命や資源などについての議論）にはふさわしい時があり、意思決定と実行をすべき時もあるのだ。

こうした多様な基準に加えて、われわれは**倫理的考慮**をすべき時もある。たとえば、第二次世界大戦中、チャーチル、後には連合軍も、ヒトラーとは交渉しないと決断し、戦争が宣言され、ナチス政権が全面降伏するまでその態度を続けた。これは極端な事例かもしれないが、他にも「人質をとっている者とは決して交渉しない」という判断も再考の余地はある。筋が通る場合と通らない場合があるからだ。現実には、人命が危機にさらされている場合、武装部隊を準備する時間を稼ぐためには、人質をとっている者と交渉する責任がある。だからこそ、危機交渉班が多くの警察隊の中に創設されている。

交渉は数ある意思決定様式のうちのひとつである。交渉だけが意思決定の手段ではない。よく考えずに自動的に交渉に頼るのは合理的ではない。章の終わりに**「私たちは、いつものやり方を問い直さねばならない」**と改めて述べておこう。上述の落とし穴をどう回避し、効率的な交渉手法をどう構築するかをこれから検討する。

第2章 交渉に入る「前に」準備する

プロセス、問題、人への計画の立て方

交渉で準備が強調されるのはなぜか。準備の質が、交渉の成否を決めることが多いからだ。ロジャー・フィッシャーは、交渉の成功の3つの鍵を「1に準備、2に準備、3に準備」と言う。この警句以上の真実がないことは、あらゆる事例が証明している。

「準備が予測力を高める」 交渉者は相手に聞くべき質問と返すべき最適な回答を予測する。自分の主張が、最も明快で、最も正当性があり、そして最も説得力があるかどうかをテストするのだ。戦術性のあるこうした予測に加えて、ロジスティクス面での手配もしておくべきだ。実際には交渉が始まってしまうと目の前のことにかかりきりになり、情報探索と分析、代替的解決案の策定、第三者への相談といった交渉そのものに役立つはずの作業が並行して行えなくなる。

「プロセスを妨げずに予測する」 交渉を「立場中心主義」に追いやるような準備になってはならな

い。相手を前にせずに作業仮説を立てるのが準備であり、そのいない相手にぶつける立場を固めるものであってはならない。準備とは、交渉の場で変化する諸現実に対応し、サプライズを避ける手段を用意することなのだ。進行形での適応を促すのが優れた準備であり、確実にこうなるという幻想を交渉者に与えるものであってはならない。最高の準備ができたと思っても、問い続けることは必要なのだ。

「準備が重要、その通り。だがどうやって」 この章では信頼できる準備の方法を紹介する。フィッシャーとアーテル(9)はこの効用を次のように述べている。

- どんな**「背景と目的」**の交渉にも（販売と調達でも、社会的コンフリクトの管理でも）、役に立つ。
- いかなる**「複雑性」**（ひとつの課題をめぐる二者間の交渉から複数の課題をめぐる多者間交渉まで）にもフィットする。
- 準備に使える**「時間」**の長短にかかわらず（交渉の重要性によって一時間でも数か月でも）、結果につながる。
- 動かすのは**「一人でも複数でも」**かまわない。二人（権限の所在を検討中のエージェントとプリンシパル）でも、グループ（交渉チーム）でも、交渉相手でさえも動員の対象にできる。
- 相手の交渉者が同じ方法をとれば、それだけで交渉が促進され**「効率」**が向上する。

準備の基本とは、あらゆる交渉の3つの重要な側面をカバーすることである。

- **「誰」**が交渉するのか。**「人間」**の側面。交渉するためには（少なくとも）二人はいる。関係と感情がここで大切な役割を演じる。

- **「何」**を交渉するのか。**「問題」**の側面。交渉の対象、内容とその項目群。
- **「どのように」**交渉するか。**「プロセス」**の側面。話し合いの具体的な構成と進め方のマネジメント。

3つの側面には10の要素がある（**表2-1**）。

この章では、2つの架空の会社ESNとCGAの交渉を例に、準備の10要素を解説しよう。(10)

表2-1　準備のための10要素

人	1.対人関係
	2.縦の関係：指令
	3.利害関係者マップ
問題	4.動機
	5.交渉による解決策
	6.正当化規準
	7.交渉外での解決策
プロセス	8.組織
	9.コミュニケーション
	10.ロジスティクス

ESNとCGAの間のコンフリクト(1)

保険会社CGAは固定費の削減をねらい、IT部門を閉鎖し、外注に切り替えるリストラ計画を発表したが、社員と労働組合の大反発により頓挫し、結局、IT部門がスピンアウトし、所属する社員もほぼ全員移籍し、部長がトップに就任して別会社を設立する、というかたちになった。その新会社ESNはCGNのIT設備も業務も引き継げることになった。売り上げの回復もあり、二年間はＥＳＮも生き残ってきたのだが、その間ＣＧＡからの受注に依存するままで、新規顧客の開拓はしていなかった。当初の契約が切れた三年目も、ＣＧＡはＥＳＮへの発注を続けていたが、ＥＳＮの料金が高すぎるとのクレームを出した。ＣＧＡはＥＳＮとの契約打ち切りに言及し、実際に競合他社にもオファーを求め始めた。ＥＳＮは財務の健全性を確立できておらず、ＣＧＡが発注を止めれば、破産に瀕し、六八人の社員が失業の危機にさらされる。両社間の緊張が高まっている。ＣＧＡの労働組合は、もとのＩＴ部門の仲間との連携で、ＥＳＮとの関係を維持するよう経営陣に圧力をかけている。双方のトップがこの危機を回避する道を交渉する。

「人間」の側面：関係に関する3要素
――交渉者間の人間関係

交渉し、合意をまとめる際には、（少なくとも）二人の人間が存在する。相手はこちらを無視できないし、こちらも相手を無視できない。両者は相互依存の関係にあり、協力せずに課題を解決することはできない。ポジティブな表現で言えば「われわれは共に問題を解決するために互いを必要としている」のである。交渉をスムーズに前進させるには対人関係のスキルが不可欠なのだ。

交渉が始まる前に、既存の関係の性質を見ておく必要がある。「既存の関係を診断し、『つながり』

を強化する可能性を探しておかなければならない」。ここで考えるべき問いは、

- 交渉開始前の、相手との関係はどうなっているのか。既存の関係がある場合は、振り返って見て、（記憶すべき）ポジティブな時期、（再発を避けたり、抑制するために思い出すべき）ネガティブな時期には何があったか。
- これまで関係がなく、初対面の交渉者と相対する場合は、相手について知りうることは何か。相手から見た自分はどうか。相手にどんな印象を持っているか。相手はこちらにどんな印象を持っていそうか。
- すでに関係がある場合は、どうしたら強化できるか。新規の関係になる場合は、立ち上げへの適切な第一歩は何か。

目標は**「仕事の関係」**を確立して持続させることである。交渉の前提条件として、信頼関係や友好関係が必ず要求されるわけではないし、それ自体が難しいことも多い。信頼が交渉者の仕事を促進させるのは確かだが、他の要素を使い、信頼関係だけに頼らず仕事を進めることも考えてよい。

CGA-ESN(2)

この例は、すでに関係が存在する。交渉する二人は、CGAでしかるべき時間を共有し、互い

を知っている。しかし、この数か月、その良好な関係が損なわれている。CGAの代表者は料金が高すぎるとESNに文書を送ったが、それが無視されたと思っており、相手がこちらの労働組合と結託しているのではと疑っている。他方、ESNの社長は、現状を信義違反と見ており、相手から裏切られたと思っている。会談でまず必要なのは、双方が各々に抱えている誤解をとき、以前のような良好な関係の下で交渉を組み立てるように努めることであろう。

縦の関係：指令に潜む問題

交渉者が自分自身のことではなく、誰かの代理として交渉する状況も多い。交渉者が「**プリンシパル**」の「**エージェント**」になるケースだ。弁護士（エージェント）がクライアント（プリンシパル）に代わり、問題の解決を交渉する。全権大使が政府を代表して、二国間協定を交渉する。会社のCEOが取締役会を代表して、競合相手の買収交渉を行う、などである。

どの場合でも、何らかの公式のかたちで、プリンシパルがエージェントに交渉の指令《マンデイト》を出す。その指令にはエージェントが守るべき指示《インストラクション》が網羅されていることが理想である。指示とは、達成すべき「**目標**」と使うべき「**方法**」を言い、指令が目標と方法の両方に対する順守義務を組み込む。プリンシパルが定める目標は、交渉者たるエージェントの動機と合致することもあるが、常にそうとは限らない。だからプリンシパルとエージェントの間に緊張も生じるのだが[11]、これは第7章で検討する。縦の関係を含む準備では、交渉者は受け取る個々の指令がエージェントのさらに上層部から降りてきている可能性も考慮しなければならない。

CGA-ESN(3)

CGAの代表者はCEOの代理として交渉に出る。CEOからは、力を誇示しないようにという指令と、会談後には詳細な議事録を出すようにとの指令を受けている。他方、ESNはトップ自身が交渉に臨むのだが、ESNの経営陣と株主の代表でもあるため、交渉の結果を彼らに正当化する義務もある。

利害関係者たちの配置《マップ》

交渉の場が複数のプレイヤーで構成されている場合を多者間交渉といい、詳しくは第7章で議論する。交渉の席には自分と相手の二人しかいなくても、背後には他に複数のプレイヤーが存在している、というのがほとんどの交渉の実態だ。実際の交渉の場から離れたところで、そうした人たちが交渉の前、最中、後のプロセスを阻害することがある。どのようなプレイヤーがいるのかをすべて確認し、彼らとの間にしかるべき安定した関係を確保しておく[12]のが大切になる。

- **「上下関係」** 階層構造には縦の関係や指揮系統がある。

◆「**影響関係**」　ビジネスでは、階層関係にない人に情報や便宜供与を求めるのは普通である。ここでは、強制力や権限は役に立たないので、説得という手段が必要になる。カリエールのいう「優雅な作法による技」(13)である。

◆「**敵対関係**」　互いに争っている人との緊張関係である。この関係には利点がなく、しかも好意による影響も上下関係の権限も相手に発揮できないので、交流が途絶えかねない。

◆「**互いに知らない状況**」　関係が存在しない場合、バランスひとつで前述のシナリオのどれかに転じることになる。

CGA‐ESN(4)

交渉の席にいるのはCGAの代表とESNの代表の二人だけだが、この交渉によって生じる利害に関わる人や議論の展開や状況に影響力のある人を数えると関係者はぐんと増える（図2‐1）。CGA社内のITサービスの品質に責任がある数名の管理職が、交渉担当者に続々とメッセージを送ってくる。労働組合は、もとの同僚であるESN社員との団結のために、ESNとの取引解消に反対意見を表明している。CGAは、合併を進めている別の保険会社AGAに対して、コストを削減できるのを証明しなければならない。また、ESNが破綻すると、CGAはその責任を世間から問われ、企業イメージが落ちるだろう。

ＥＳＮでは、社員が失業の不安にさらされ、家族も動揺している。外にはＥＳＮの競合相手が待ちかまえており、ＣＧＡがＥＳＮとの関係を白紙に戻すのを応援している。

まだ他にもプレイヤーがいる。公的機関は失業給付負担の増加につながる倒産や労働法に違反する手段がとられないかを気にしている。地元のメディアは情報を得ようと躍起になっている。

重要な交渉の前には必ず、こうした多様な利害関係者を相関図に描き出し、見てわかる形にまとめておくべきである。

「問題」の側面
――課題群を処理するための4要素

交渉の展開を最大限に予測するためには、内容に関する4つの要素を準備段階で検討する必要がある。プレイヤーの動機、交渉しうる解決案、交渉決裂の場合にとりうる選択肢、結果を正当化する根拠、である。

隠れている動機

ここでいう動機とは、交渉を必要とさせている根本的な必要性のことである。言い換えれば、交渉

図2-1　利害関係者マップ

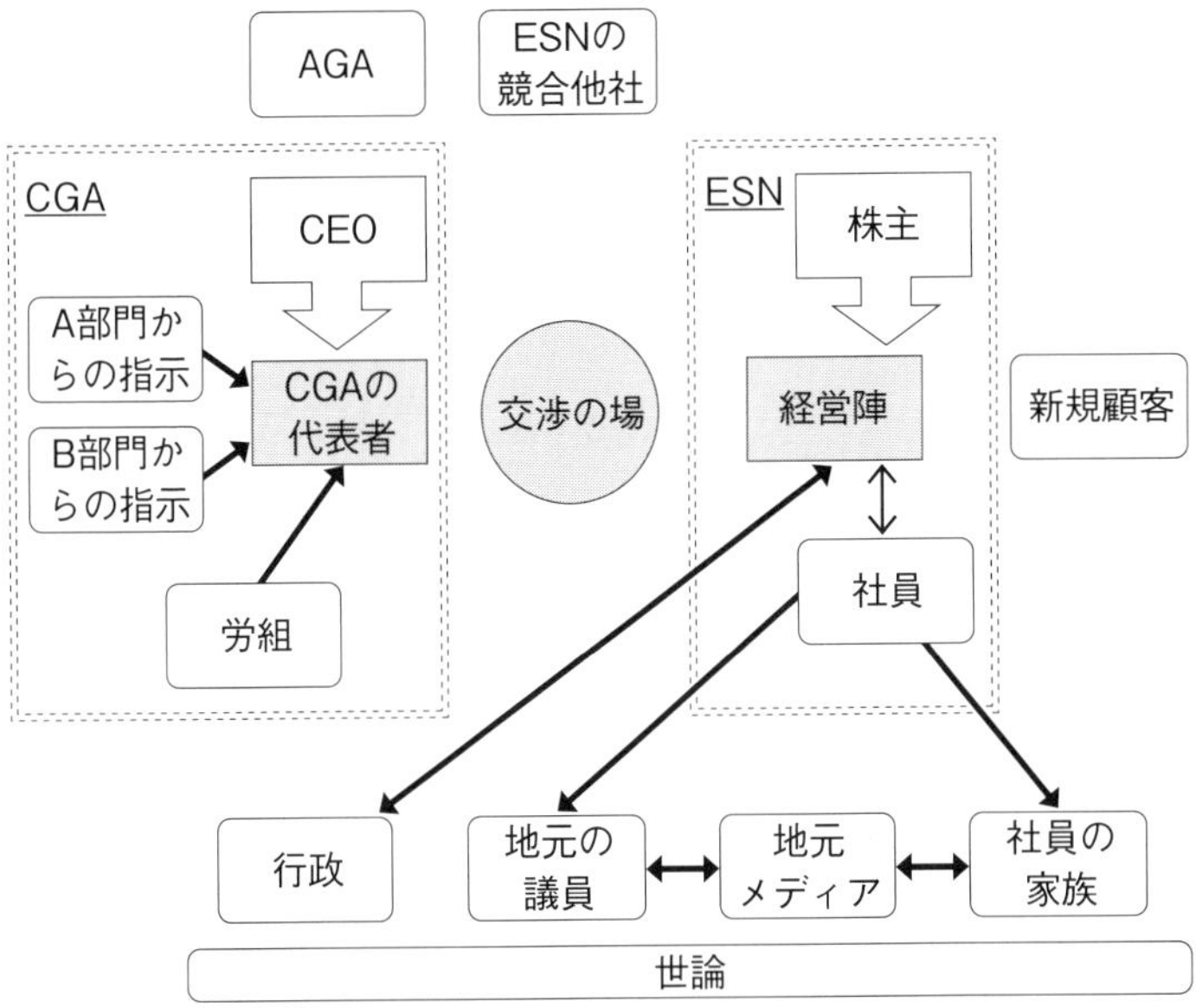

によって満たそうとする利益である。第1章で示した利益の概念とそこで強調した利益と立場の違いを思い出してほしい。

　多くの交渉理論が利益を中心概念としており[14]、カリエールの先駆的主張にもそれが見られる。だが、利益への注目は功利主義的に解釈され、交渉者を完璧な合理的プレイヤーとみなしてしまうことも多い。古典経済学が、マーケット・エージェントは合理性によって動く、つまり彼らが識別できる利益に従う論理的行動をとるのを前提にしたのと同じである。こうした単純なモデルでは現実にある複雑性には対応できないことを、現代経済学と同様に交渉学も、少なくとも次の3つの理由で認識している。交渉者の合理性は、この3つの理由で壁にぶつかるのだ。

◆**「倫理観」**が自己の利益を超越した動機づけになる場合がある。理性の高尚な側面が、時には交渉者に自分の利益を損なっても、本人の良識を尊重する選択肢を取らせる。交渉者の人物評価にも関連するので、倫理観については後でも言及する。

◆**「感情」**は理性を捨てさせる。われわれは、自分の利益を犠牲にしたり無視するレベルまで自らの判断を逸脱させることがある（第6章）。中でも交渉で最も頻繁に作用し、大きなダメージをもたらすのは怒り（**「放っておけ、関係ない」**）、復讐欲（相手に**「払わせろ」**）、嫉妬（**「相手よりも多く」**とる）、高慢、権力欲などである。

◆**「認知バイアスと知覚」**は第5章から7章で扱うが、感情を抜きにしても、相手の動機を分析するときには思い違いが混入する。相手を過小評価したり、持たれていないかもしれない悪意を感じたり、受け入れうる提案も拒否する傾向である。

カリエールは「大多数の人は、理性よりも気分で動く」[15]と言う。現実にもよく見られることだ。交渉では、当初は問題なく見える感情も時間がたつうちに表面化し、放っておくと、明確だったはずの合理的利益を完全に覆い隠していることがある。そのまま合意にたどり着いても、内容は不十分なものになる。企業では社員の採用や評価の際に、正しい制度をまともに運用しようとすると、人間関係がくすぶり始める。感情が作用し出すと、摩擦が従業員代表と経営者との非情な戦いにエスカレートし、従業員側の本来の目的もその中で変化し、経営者から提案される計画には何であろうと反対、いきつく要求は経営者の辞任、そうなったところで、具体的に得たものは何もない、といったことも起きうる。

感情の側面に取り組むために、準備段階で考えるべきいくつかの有効な問いがある。

- この交渉での「**自分の動機**（利益だけでなく感情と倫理基準）」は何か。
- 自分が推測できる範囲での「**相手の動機**」は何か。相手の立場に立って考えてみたとき、（自分の価値観をまじえずに）どこまで想定しているか。
- 交渉の席にはいないが交渉結果の影響しそうな「**第三者的な人たちの動機**」は何か。
- 前記のすべての動機の中で、隠れている動機を掘り起こすためにもっと細かく分析すべき「**立場**」と結びついているのは何か。

これらの動機が明らかになったら、次の4つの区分で、難易度順に分ける。途上国での工場建設を考えている2つの会社（タイヤメーカーと自動車メーカー）間の交渉を想定して見よう。

- 「**双方が共有し、両立する動機**」　両社が求めているのは、新しい市場に事業を展開し、建設コストを抑え、製品を販売することだ。共有し両立する多くの動機の下で、彼らは共同事業を立ち上げ、タイヤ工場と自動車工場の建設用地を共有し、相互に管理上の問題を解決し、人材と調達先も共有することなどを実現する。
- 「**異なるが両立あるいは補完する動機**」　基本の事業から考えれば、まずタイヤメーカーが生産を開始し、次に自動車メーカーが生産を始めると、順に車体にタイヤを装着して市場に出せる。タイヤメーカーはタイヤの装着を必要とする車が出てこないと事業が続かないし、自動車メーカーも装着するタイヤがないと車を作り続けることはできない。したがって、利益は相互依存関係にある。まったく異なる動機でも、両社は補完し合うのである。

◆ **「似ているが競合する、あるいは両立しない動機」** 両社はどちらも投資収益を最大にし、自社の利潤を最大にすることに関心がある。総収益を最大にするのが共通の両立する利益でも、自社の取り分を最大化するのは、似ているが競合する利益である。最終的には配分比率の決定が必要になる。自動車メーカーに七〇%でタイヤメーカーに三〇%なのか、四〇%対六〇%なのか。利益の分配という課題は経済的緊張をもたらす（第4章）。

◆ **「異なり対立する、あるいは相互に排他的な動機」** タイヤメーカーが、この途上国市場で競合する別の自動車メーカーと共同事業を立ち上げる方に利益を見出すこともある。

こうした多様な動機を探索して、同様の利益と異なる利益の最適な組み合わせを展開するのも交渉の技《アート》なのだ。双方がある項目で対立していても、それが**「違う動機」**によるものならば（マダガスカルの灌木のように）、合意が可能だ。交渉者はそうした動機を明らかにしてから、交渉可能な解決策を見つけ出すことを考えなければならない。それには、次の2つの問いを検討することが大切だ。

◆ **「自分の動機にどう優先順位をつけるのか」** もちろん、**「あなたにとって重要なのは何ですか」**

と聞けば、**「すべてだ」**という返答もあるだろう。しかし、自分の中の深いところでは（相手側もそうだが）、動機にも重要度の違いがある。だから、様々な動機を重要度で順位づけすることが大切なのだ。この事前作業では、根幹となる動機と周辺的な動機を峻別する。つまり、相手の利益を満たし、その代わりに自分の本質的な利益のひとつを得るためなら、必要に応じてさほど無理なく譲歩できることと、手放すわけにはいかないこと（譲渡できない利益）を峻別しておかなければならない。この優先順位づけで、後の対処がより能率的になるだろう。

・「これらの動機をどの順序で提示すべきか」　交渉中の（自分側に限った場合だが）最も良い提示の仕方はどの順序か。前述の四区分の順番が良いことは、ほとんどのケースで証明されている。

CGA-ESN⑸

CGAから見ると、交渉の目的は、ESNとの関係を絶つか維持するかを決めるといった単純なものではない。それでは立場中心主義に戻るだけだ。重要な動機には、IT業務コストの削減、質の高いサービスの調達、効率的で信頼できる業者の確保、社内の社会的風土の改善、AGAとの合併準備、良好な社会的イメージの維持、地元の役所との摩擦回避がある。

ESNから見ると、自社の存続、雇用維持、サービス改善、コスト削減、これまでの努力をCGAに認めさせ、市場での存在感を示すことが主要動機である。

しかも、前述のように、これには複数のプレイヤーが関わっていて、それぞれが様々な動機に刺激されていることも忘れてはいけない。

交渉で可能な解決《ソリューション・アト・テーブル》（SAT）

準備段階では、可能性のある「**解決案**」も想定しておかなければならない。そうした解決案は、次の5つの条件に合うのが理想である。

1　解決案とは、交渉で焦点となっている課題を「**具体的に**」解決するものである。
2　解決案で目指すのは、明確にした「**動機**」を「**満たす**」ことであり、自分の主要動機全てと相手側の動機ができるだけ多く含まれることが望ましい。
3　「**この交渉の場**」で相手と話し合えるもの。
4　「**この交渉以外での**」ベストの解決より好ましいもの。
5　双方が支持しうる合意につながるもの。

話し合いでは、解決案を「**提案**」してよいのだが、相手側に「**押しつけない**」ことが大切である。あくまでも話し合いの対象となる解決の案であり、議論を妨げる「**立場**」を固めるものであってはならない。双方の動機が明確になれば、それぞれに対応する複数の解決案が話し合えるようになる。さまざまな情報を抽出しつつ、自分の提案と相手の提案を組み合わせることが、より発展的な合意の形成につながる。自分の出す解決案が、相手が提示してくる案と相互に関係していくのが理想的だ。解決案に徐々に重なりができていけば、プロセスが終わるまでにはそれぞれの動機を満たすものになり、この交渉以外での解決という代替案に移行することなく、より良い合意に到達できるだろう。

準備段階からさほど変更なく、交渉の場でスムーズに実現する合意もある。だが、双方が受け入れうる解決案がぽんと出てくることを期待してはならない。当事者全員を満足させるには、話し合いを重ねずに、すべての対立項目を迅速に解決する合意案などなかなか創り出せないのだ。優れた交渉者には「創意精神」ともいえる創造力が求められるのは、このためだ。時間をかけず、ストレスもなく出てきた合意の質はそれなりのものでしかないことが多い。交渉の中で良い解決が出てくることもあるが、準備段階をしっかり使って、できるだけ多くの解決案を考案しておくことが重要だ。わかる範囲の動機を検討しつつ、問うべきは、

1　**「自分」**が推せる解決案は何か。自分に最も好ましいのはどういう内容か。好ましくはないが、妥当といえるのはどういう内容か。好ましくないが、受け入れうるのはどういう内容か。

2　（自分の想定で）**「相手」**が提示してきそうな解決案は何か。自分がわかる範囲で、相手にとって最も好ましい解決案はどういう内容か。同じように、最も好ましくないもの、また、受け入れうる

最低限のものはどういう内容か。

3　自分の解決案の中で、中立に見て妥当だといえるのはどれか。双方が**「受け入れられる」**ように見えるのはどれか。その中で、自分に最も好ましいのはどれか。また、自分に不利にならず、相手にとって最も好ましく見えるのはどれか。

4　最後の手段として**「第三者」**が提示するとしたら、どういう内容が考えられるか。第三者の視点から合理的な解決だという場合の基準は何か。

5　これらのいろいろな解決案に、A案（アンカーとして最初に提示）、B案というように**「順位づけする」**必要があるか。

2番目の問いへの回答は、相手の視点に立って状況を見るのに役立つ。3番目以降の問いも、自分の動機を実現するという目標を維持しつつ（主張）、相手の立場に立って（共感）、自分の必要性を充足するので大切だ。[16] これにより双方に**「合意可能な範囲（ZOPA：Zone Of Possible Agreement）」**が可視化される。相手の動機をまったく考えようとせず、自分に最も有利な解決しか想定しない世界観に自分を固定してはならない。さもないと、深刻な暗礁に乗り上げ、交渉決裂のリスクを生み、自らの利益も危機にさらすことになる。

交渉可能な解決が**「統合的」**になる場合、つまり自分の（複数の）動機と相手の（複数の）動機を同時に満たす場合に、最も利益が大きくなる。統合的解決を双方が受け入れるのは、各々が利益の実現を確認したからなのだ。これとは別に、分配型と呼ばれる解決がある。両者の利益ではなく、一方にとっての好ましさを優先させる意識によるものである。もっとも、多くの解決には統合的側面（双方が恩恵を受ける）と分配的側面（一方が相手よりも多く取る）の両面があり、**「統合型」**と**「分配型」**のどちらかに分類しきれないこともある。あるジョイント・ベンチャーで、ある生産計画が四〇億円をもたらすのに対し、別の計画では二〇億円の場合、明らかに前者の方が統合的解決になる。しかし、いずれの計画にしても、生み出される利益が分配されるときに、その比率が問題になる。最初の計画が七五％・二五％（A社に三〇億円、B社に一〇億円）で、第二の計画が五〇％・五〇％（双方に一〇億円ずつ）になれば、B社にとっては配分額で見ると、同じ成果なのだ。

自分の動機のひとつにとっては満足な案でも、相手の視点からは不足かもしれないし、その逆もある。双方の選好が異なれば、それらをやりくりして組み合わせ、相手を追い詰めずに、成果を最適化する果断な方法をとるのも交渉の技である。相手にとってより良い案があり、それがこちらに差し支えなければ（その逆も）、そこにより多くの価値が確保され、双方に好ましい。だから、こちらにほとんどコストとならず相手には大きなメリットとなる項目は、相手のコストにならずこちらのメリットとなる項目と組み合わせるべきなのだ。次のような質問が役に立つだろう。

- 「（自分の視点から）**自分に重大**」だが、相手には重大ではないことは何か。
- （あくまでも自分の視点から）自分にはさほどではなく、**「相手には大きな意味がある」**のは何か。
- これらの優先項目を明確にして、自分が**「トレードオフ」**できるのは何か、を考える。自分には関心が薄く、かつ相手には大きなメリットになるような譲歩は、どこでできるか。同じように、相手にはたいしたことがなく、こちらには大きな意味があるもので、相手が譲歩できるのは何か。

これらの組み合わせとトレードオフが、交渉をただの分配から、価値を生み出すメカニズムに変換する。第4章ではこの考え方をさらに展開する。交渉可能な解決を探求する創造性を強化するには、「ブレインストーミング」が役に立ち、特にチームで準備するときには効果的である。

効率的なブレインストーミングの7つの指針

（1）グループのメンバー全員が参加する。
（2）ディスカッションは自由、ばかげて聞こえるようなものも含めてあらゆるアイディアが出せるようにする。
（3）解決案を批判も評価もしてはならない。
（4）アイディアは限られた人数ではなく、グループ全体として共有する。
（5）提案を出す者が、実行の責任を負うという意味ではない。
（6）多様なアイディアを評価し、このブレインストーミングのセッションの「後」に残すべきものをいくつか選ぶ。
（7）進行役を選任し、上記の6指針が守られているかを確認する。

交渉プロセスで想定できるシナリオの創出に、ブレインストーミングを有効に使うには、2つの条件がある。交渉する解決案が想像性に富んでいるほど、次の条件をクリアしておかねばならない。

◆**「解決案は現実的でなければならない」**　できるだけ多くの解決案を出したら、次に、実現性を検討する必要がある。これらの案は合法なのか。技術的に具体化できるのか。実行するための資源（財務的、物質的、人材的）と時間はあるか。

◆**「解決案は与えられた指令の範囲になければならない」**　代理として交渉している場合、受けている指示により、特定の内容が制限されたり、禁止されていることがある。この責任範囲は必ず意識しておく必要がある。当初の指令の制約で交渉の余裕がなさすぎるとなれば、交渉を中断してプリンシパルのところに戻り、説明することも必要だ。

CGA-ESN(6)

CGAとESNはこれまでの関係をベースに、取引規模、料金、「保護的」関係の延長期間、の組み合わせに取り組むだろう。料金を下げ、市場価格に合わせるのはESNの判断である。CGAには大きなネットワークがあるので、ESNに他の顧客を紹介できるかもしれない。CGAはしかるべき従業員を採用しようとしているので、ESNの社員の中から「旧社員」に優先権を与えることもできる。これは業務費を削減するという目的に貢献するだけでなく、労働組合には、IT部門の「旧社員」との連帯維持の証明にもなる。

交渉できる解決案をすべて洗い出したら、具体的な課題に取り組み、解決案の妥当性を検討するための、2つの基準を追加することを勧めたい。第一は、この交渉以外で考えられる解決案の中でベストのものを、この交渉で受け入れうる案の最低ラインに据えること。第二は、相手から見て、解決案を受け入れるかどうか決める基準を見極めておく。これは相手へのアンカーとして使える根拠や原則でもある。

交渉外での解決案《ソリューション・アウェイ・フロム・テーブル》（SAFT）

第1章で検討した直感の落とし穴に**「交渉マニア」**、つまり動機を満たす方法は交渉しかない、と決めつけがちな思い込みがあった。交渉者は**「この交渉しか」**方法がないと思い込んでいる可能性がある。しかし目の前の交渉の他に、相手と合意しなくても、他にとりうる代替案は存在するものだ。これを**「交渉外での解決案（SAFT）」**と呼ぶことにしよう。

SAFTが素晴らしくなければ、その反動で、目の前の交渉に出ている解決案が魅力的に見えることもあるが、SAFTを認識しておくことは、現実性を測る尺度として重要である。SAFTの質の良し悪しを理解していれば、実際に交渉の場に出された解決案と比較し、実用性を考えた判断ができるようになる。

SAFTは交渉の対象や専門的な背景によってかなり変わるが、最も多く見られるのは以下の例である。

- **「別の相手と別の交渉をするという選択」**をし、今の交渉は打ち切る。たとえば、Xブランドの新車が買いたくて、複数の販売店に寄って交渉してきたが、県境の向こうにある販売店では同じ車が地元の販売店より五％安く買えることがわかった。
- **「力関係の転換」**これも状況によって現れ方が変わるが、土曜の夜の外出について父親と娘が対立しているのを例にしてみよう。父親は娘の部屋に鍵をかける決心をした。これによって娘は日曜の朝まで部屋にいざるをえなくなる（最初の力関係の表示）。だが娘はみんなが寝静まったのを見計らって、窓から外に出て友達と会う。逆襲である（力関係の転換）。
- **「封鎖行為」**たとえば、ストライキ権の行使。
- **「外部の権威者に頼る」**ことで解決を決める。ある大学の二人の教授が共同で受給した研究費の使い方で対立し、学部長に問題の解決を求める。
- **「訴訟」**法律の判断に委ねる。家主が、家賃の支払いが滞っている借家人との紛争を解決しようと何度か努力したあと、簡易裁判所に提訴する。
- **「国際関係の領域」**では、強度が増す順に、経済制裁、金融資産封鎖、そして最後には戦争がSAFTになる。

多くの場合、交渉者には自分が使えるSAFTがいくつかあるものだ。その中から**「交渉外の解決でベストのもの」**を事前に明確にし、向き合う交渉の基準点にすると、次のように役立つ。

◆**「解決予備策《バックアップ・ソリューション》」**になる。何らかの理由で交渉が合意に至らなかった場合の、いわゆる「プランB」である。

◆**「準拠点」**となり、可能性のある合意内容を評価する試金石になる。たとえば**SAFT**ほどは自分の動機を満たさなければ、今話し合われている合意案を受け入れる理由はない。逆に、話し合われている合意案は「全ての」動機は満たしていないが、より多くを満たしているので、受け入れるべきだと判断する、などである。

◆**「交渉における自分の本当のパワー」**がわかる。自分の動機を満たす**SAFT**の内容が良いほど、今の交渉で高い要求を実現する能力が増し、好ましい合意を達成する確率が高まる。逆に、**SAFT**の内容が貧弱で**「相手側の代替案の内容」**が良ければ、自分は弱い立場に置かれることになる。

SAFTの中でベストのものを、一般に「**BATNA**(Best Alternative to a Negotiated Agreement)」[17]と呼んでいる。(どんな合意も「交渉される」ものなので、わざわざ「交渉される合意(negotiated agreement)」と呼ぶ必要はないのだが)、この代替案が他者との別の「合意」ともなりうることは明記しておこう。よく使われている用語だが、本書では使用しない。

準備段階で**SAFT**の中でもベストの解決を明確にするために問うべきは、

◆自分の動機を満たすために、進行中の交渉**「の他に」**自分は何ができるのか。自らの願望や行動だけで決まる、自己完結型の解決はありうるのか。

◆自分が確認した交渉外の解決に頼らざるをえないとしたら、自他の「**帰結**」はどうなりそうか。

◆確認、分析したすべての選択肢の中で、ベストなもの、自分の動機を最も満たすものはどれか。

◆入手可能な情報から考えたとき、自分がいない場合に、相手は何ができるのか。相手だけに依存しているのはどの解決案か。（特にこちらに影響するものの中で）相手のこの交渉外の解決の帰結はどうなりそうか。自分にある情報から考えて、相手の「**SAFTでベストなもの**」は何か。

◆どうしたら自分の**SAFT**のベストな解決の内容を「**改善**」できるのか。反対に、相手の**SAFT**のベストな解決の重要度を低くし、具体化を弱めるのに自分ができることは何か。

CGS-ESN(7)

ESNには、交渉外の解決として、他の顧客を探すこと、雇用維持のために政府の支援を仰ぐこと、コスト削減策を実行すること（これは人員削減になろう）、長期的には会社を清算すること、CGAを批判するメディア・キャンペーンやストライキを準備すること、などが考えられる。

CGAの交渉外の最も強力な解決策は、競合他社のオファーを検討し、新しいサービス・プロバイダーと仕事をしていくことなのだが、この選択肢は前述の動機のいくつかにマイナスの結果をもたらす。

両社ともSAFTのベストな解決の内容が見劣りするのがわかり、ようやく互いに合意に向けて交渉する関心が強まる。

正当化規準《ジャスティフィケーション》

正当化規準とは、当事者全員はもとより第三者も認識できるベンチマークである。交渉理論では、客観性、合法性、論理、原則、標準などを規準として挙げているが、考え方はどれも同じである。これらの規準は、交渉による解決案や交渉外の解決案をより客観的に考えたり、当事者のコントロールの及ばない合法性を活用したりするのに役立つ。中には主観的戦略で使われるものもあるが、一般的には、テーブルを強く叩く方が支配するような単純なパワー関係に対して、双方を同じ立ち位置におくのが正当化規準である。これは（自分の要求を正当化する）剣にも、（相手の要求を阻止する）盾にもなる。

CGS-ESN(8)

CGAとESNの交渉は法的環境で形成されていると見てよい。特に労働法と競争法が関与する。IT業務の市場価格は準拠点になる。たとえば業務の価値について正しい意見を提供できる社外の専門家を任命するような合意は、両社とも受け入れ可能だ。

専門の背景や交渉の対象によって、この規準はかなり変わるが、交渉のアンカーとして使える道具をいくつかあげておこう。

- **「全員一致で認める原則、根拠、計算」**　たとえば、ある会社のコンサルタントの一日の費用が三〇万円でプロジェクトの完了に一〇日かかる見込みだとしたら、計算で三〇〇万円の条件提示になろう。きちんと確認するには、論拠を説明せずにただ三〇〇万円と言うより、計画されているプロジェクト、かかる日数と一日の費用を数字で説明する方がよいはずである。
- **「ベンチマーク、尺度、証拠、指数」**　ペルシャ絨毯の「平方メートルあたり単価」のような数字の根拠がわかっていれば、ほぼ間違えずに、どんなサイズの価格も求められる。
- **「経済指標、市場や消費者ガイドが定める価格」**　中古車の販売価格についての交渉であれば、相場の規準となるブルーブックを参照できる。
- **「法律（法令、指令、規則、判決と法律の体系）と法律知識」**　後に法廷に持ち込まれ、裁判官に説明されるより、該当する法律を交渉前に調べておく方がよい。
- **「専門上の標準」**　たとえば、弁護士とクライアントが料金について交渉する場合は、弁護士から費用を請求するのが普通だ。
- **「標準的な契約」**　フランスでは昔から、家主は、不動産所有者組合と貸主保護協会が承認する契約を店子に提示することになっている。
- **「前例、過去の事例、習慣」**　ある会社が前年にサプライヤーと購買契約を結び、しかるべき数量を特定の価格水準で納入することになっていれば、生産性の向上見込みによる減額やインフレに応じた増額を含め、前年の価格がこの購買契約を更新する年次交渉の際の準拠点になりうる。

◆**「交渉外のベストな解決の持つ『財務的』価値」**　あなたの所有する家を購入しようと、最初の買い手が条件を提示したら、内容がどうであれその金額が、その後の他の買い手との交渉での強力な基準になるはずだ。その額が低ければ、あなたがそれ以下では売らないという下限価格となり、他の買い手にとってはそれ以上を提示するしかない「客観的な」準拠点になる。

これらの規準は解決案の受け入れを促すアンカリング（第4章）とリンクしているので、交渉が始まる前によく検討しておくべきである。

「プロセス」の側面
――ミーティングを動かす3要素

交渉者が失敗するときに非常に多いのが、相手のアプローチに堅牢な正当性があると思い込み、ミーティングの進め方に関心を払わないことだ。そのため必要なステップ、必要なコミュニケーション、ロジスティクスなどが省みられていないことが多い。観察と経験からは**「現場に則した」**プロセスの選択が成功の鍵になるようだ。

ミーティングの構造

本書で強調したいことのひとつは、時間が交渉の基本変数だという点である。ミーティングは**「進める」**つまり「前進させる」ようにセットされなければならない。導入の諸段階と後の諸段階とを区別する必要がある。ここではまず、交渉のアジェンダを作成することの効用に注目しよう。

「アジェンダ」には偶然性を与えてはならない。アジェンダ設定はまさに「予備交渉」そのものなのだ。

これには2つのアプローチがある。

- **「クレッシェンド」**アプローチは、課題を難易度が低い方から高い方へと並べる。最もセンシティビティの低い、最も合意に至りやすい課題から始めることで、交渉者は機会をひろげやすくなる。相手と（部分的にでも）合意が可能だとわかることが、関係を良くし、信頼の基盤になり、後に待ち受けるもっと困難な課題に取り組む時に役立つのである。
- **「デクレッシェンド」**アプローチは、クレッシェンド型の不利な点を逆から攻める。たとえば一方の交渉者が、最もセンシティブな項目はリストに「明示《プッシュ・ダウン》」したがらないかもしれない。それらの項目が目立つと、相手が時間を稼いだり、「議論を遠回りさせる」策略をとったりするのではないかと思うのだ。そこで逆に、最初から最もセンシティブなポイントに取り組む。最難関のポイントが解決されれば、残りの課題はずっと容易にスムーズに解決できるとの読みである。もちろんリスクはあるが、これしかないこともある。

プロセスと時間管理に関する他の側面は、状況を見て予測しなければならない。締め切りや期限は、締結の目標として事前に設定ないしは議論できる。だから、団体交渉や大きな多者間交渉では、運命を決する時間の直前に「時計を止める」習わしのような光景が見られることがある。これは「最後の仕上げを施すまで」交渉を続けるための操作なのだ。

CGA-ESN(9)

ESNとCGAはともに、この紛争を速やかに解決することに利益がある。各々が使える時間を確認した後、双方の交渉者が持ち出したいポイントを列記することから始め、一連の質問（たとえば、ESNの業務費用への投資効果）や難易度への意識など、論理的な順序でポイントを整理する。アジェンダは、最初に事実を示すための時間を設け、次に、あらゆる誤解を解くための質疑のセッションへと続ける。予定したミーティングに休憩を挟んでおけば、交渉者がそれぞれのプリンシパルに追加情報を求めに行きやすい。

コミュニケーション

これは交渉全体の要である。情報交換のコミュニケーションなき交渉はありえない。第5章がこの課題に当てられている。共感と自己主張の空間では、コミュニケーションが聞くことと話すことを結びつける。交渉のプランニングでは、コミュニケーションについて慎重に予測しておかなければならない。

情報を得るために耳を傾ける

「自分が必要としている情報は何か」　交渉の前に入手できる情報は当然調べておくことが必要だが、相手からしか手に入らない情報もある。それによって、相手の動機や交渉外の解決について自分が持っている仮説を確認したり、破棄したりすることもできる。

相手から情報を入手するためには、**「自分が聞くべきは、どんな質問か」「どんな順序で聞くべきか」**が鍵になる。質問のリストを実際に準備することも大切で、三重のメリットがある。忘れないようにすること、（重要ならば）聞く質問の順序をできるだけコントロールすること、質問を十分に枠づけしておく（内容、背景、相手の機微などをふまえておく）ことである。

情報を提供するために話す

準備段階では、情報を伝達するプロセスも明確にしておく。これは、誰に、何を、いつ、の3つの問いに集約できる。自分は誰に話すのか（個人的な関係や相手とこちらの組織との関係から見た、相手に対する信頼性）、自分が言えるのは何か（公開されている情報、個人的な情報、戦略的情報、秘密情報）、言ってよいのはいつか（即刻、後ほど、不許可）である。より詳細に踏み込むためには、以下の側面も考慮すべきである。

- 自分が入手できる**「情報」**のどれが、相手の関心を引くのか。
- 情報を与えようとしている相手の対処能力について、自分は何を知っているのか。相手の**「裁量」**について、自分はどれくらい確信があるか。
- 相手が関心を持つ情報の中で、**「できるだけ早く」**与えると効果的なのはどれか。それは、こちらのアプローチや動機を相手に理解させ、過去の行動を裏づけるのに役立つはずだ。しかるべき情報を初期に開示することはポンプの役割を果たし、関係の構築を促進し、相手側からも情報をスムーズに伝達させる互恵性に寄与する。
- どの**「戦略的情報」**を提供すべきか。それは**「どんな条件で」**提供すべきか。交渉のどこかの段階で、相手の情報と交換にしかるべき情報を提供することは有効なはずだ。
- **「秘密情報」**の中で伝えてはならないのかはどれか。理由はなぜか。それを求められた場合には、どんな対応ができるのか。

交渉者は自分が伝達する情報をコントロールし、最もセンシティブなポイントへの返答は保留することも必要だ。コミュニケーションでは、交渉者間の関係だけでなく、プリンシパルとの関係、「当然ながら」メディアとの関係においても、情報の正確さが非常に重要だ。間違った相手に、間違ったタイミングでたった一片の情報が不適切に示されるだけで、交渉に破滅的な影響をもたらす場合もあるのだ。

CGA-ESN⑽

ESNは適切なサービスを提供できるように、CGAでの作業量についてよく理解する必要がある。CGAは高い価格の背後にある理由を理解するためにESNのコスト構造を知りたいと思っている。たとえば、新製品（ネットワーク構築）へのCGAからの要求に対応するために、ESNは設備と内部教育に投資する必要があった。契約時の想定を超えた要求が費用超過をもたらして価格を高くしていたので、ESNはCGAがこの責任を負担すべきだと思っている。

ロジスティクス

ロジスティクスに関連する課題が交渉の失敗の決定要因になることも多い。これはトップレベルの交渉でも起こる。難しい課題を9割まで処理していながら、ミーティングの物的条件のひとつが省みられていなかっただけで失敗のリスクにさらされるのは惜しいことだ。

オスロ・プロセスにおけるロジスティクス

一九九三年一月、イスラエルとパレスチナの関係は非常に悪く、交渉再開は考えられなかった。双方の世論調査によれば、交渉自体が背信行為とみなされかねなかった。しかし、各々の側では、イツハク・ラビンもヤセル・アラファトも、そうした決裂状態を続けるわけにはいかないことを認識していた。ノルウェーの外務大臣が、双方の代表者をオスロに招くことを提案し、交渉を極秘にする条件で、双方が同意した。イスラエル側でこの交渉を知っているのは三人の閣僚だけだった。秘密を守るため、ロジスティクスには警戒に警戒が重ねられた。ノルウェー政府はマスメディアに感づかれないよう、交渉の場所を常に移動させた。ノルウェーのシークレット・サービスにより、オスロ周辺の孤立した邸宅が交渉の場として何度か徴用されたが、それらの邸宅の所有者たちは、商取引に来ている中東のビジネスマンをスキー旅行に接待しているのだと思っていた。イスラエルの交渉責任者ユリ・サビーはオスロに来るために入念な方法をとった。まずパリに行き、実在する投資家と正式に会談した。彼の旅程では、最初の日は「プライベートな予定」に当てられていた。空港に降り立つと、大使館の車が彼をホテルに連れて行き、部屋に入るとすぐにベッドを使ったように見せ、ロビーに下りてタクシーに乗り込み、空港に向かった。そして匿名でオスロ行きの便に乗った。オスロについてからは、パリに引き返して自分のホテルの部屋に戻るまで、一六時間ぶっ通しで交渉に当たったのである。

ビジネスでも、慎重に慎重を期さなければならない交渉がある。企業買収では、対象企業を選択する事前協議もそうだ。大企業がプライベートジェットを使うのは、一般の航空会社より情報を管理できるから、という面がある。

大半の交渉はここまでの極秘性は要求しないが、ロジスティクスの課題はやはり慎重に考慮する価値がある。準備のために問うべきは、

- **「交渉はどこで行うべきか」**　最も適した場所はどこか。どちらかの交渉者の場所か（問題はどちらになるかだ）あるいは第三者の場所にするか、ということ自体が「予備交渉」の一部になることもある。場所の選択は、便利さだけでなく、求められる慎重さの程度によっても左右される。
- **「必要なのはどのタイプの部屋か」**　出席する交渉者の数に合った部屋を選ばなければならない。疎遠に感じるほど大きすぎず、息苦しく感じるほど小さすぎず。「複数の部屋を確保」する必要が出てくることもあろう。複数の部屋が用意されていれば、交渉代表団はそれぞれに戦略セッションを準備でき、異なる問題を並行して処理するために代表団を分けて作業を進めることもできる。
- **「ロジスティクスに関連する資源には何を考えるべきか」**　これには現地でのテクニカルなサービス（インターネットアクセスなど）から食事まで入る。一九八八年のニューカレドニアに関する協定の交渉のとき、当時のフランス首相ミシェル・ロカールは以下のメッセージで交渉代表団を官邸に迎えた。

「当オテル・マティノンには数日分の食事とマットレスを置けるスペースを用意しています。で

すから、どなたも協定が締結されるまでお帰りにならずに…」(18)

◆「**テーブルの形**」　テーブルの形やテーブルの有無が交渉の進行に予期せぬ影響を与える。2つの交渉代表団がルーマニアの首都ブカレストの中心にある公邸に迎えられたことがあった。部屋にあったテーブルは幅が三メートルで長さが三〇メートルだった。一方の端に座っている人は反対側の端に座っている人の顔が見えない。こんな環境では代表団の内部でも、効率的なコミュニケーションや情報交換は難しい。

◆「**座席配置**」　儀礼上のしきたりの影響が大きいが、他の要因もある。ある専門家のミーティングで最初は、アルファベット順が選ばれた。最もシンプルで文句も出にくい。その後、一人が不適切に発言する傾向があるのがわかったので、進行係がその人物を自分の脇に移動させ、監視し、必要に応じて彼の興奮を鎮めるために肘でつつくようにした。

◆「**必要な設備**」　どの交渉者も、作業に必要なものはすべて手元に用意しておかなければならない。それには書類（配布するのに十分な数）、サンプル、図面、パソコン、プラグコードなどである。黒板、OHP、プロジェクターなどの「共通」の設備も手当てしておくことが大切である。会議を妨げかねない物理的な問題を避けるためにも、プレゼンテーションはできる限り準備しておくことが大切である。

CGA-ESN⑾

ＥＮＳとＣＧＡにとっては、ロジスティクスはさほど重要ではない。二人の交渉者はともに、コミュニケーションをとるのに必要なすべての資料、ＥＳＮのコスト構造を明示する会計記録など、それぞれ周到に準備している。場所を選定する際には、最も近い商工会議所の会議室など中立的な場所がこの交渉には適している。

準備は、中期的には高いリターンをもたらす投資であり、短期的なコストである。段取りが身に付くと、メソッドと10の要素に精通し、準備も早くなり、より多くの時間を確保できる。章末に準備チャートを用意したので活用をお勧めする。

どうしたら自分の交渉力を強化できるか、という質問をよく受ける。交渉力の大半は準備から生まれる、というのは見逃されがちな事実だ。交渉する**「人」**あるいは交渉外での解決にからむ**「人」**、彼らが何を交渉しているかという交渉の**「問題」**、どのように交渉するかという**「プロセス」**と、交渉にはいくつかの側面がある。これらの理解に努めている人たちは、すでに交渉力が向上している。予測し、たくさんの質問をし、幾多の返答を想定し、アジェンダを作る。がちがちに固め過ぎていなければ、それが方向づけになる。一枚のドアが閉められたのではなく、複数の道が開かれたのだと考えよう。

<table>
<tr><td colspan="6">準備のための10要素</td></tr>
<tr><td>人
＊</td><td colspan="2">2. 指令</td><td colspan="3" rowspan="3">3. 利害関係者マップ</td></tr>
<tr><td>1. 交渉者間の関係</td><td>自分側</td><td>相手側</td></tr>
<tr><td>関係の診断

関係向上への対処</td><td>達成すべき目標は？
1.
2.
3.
制約や機密情報</td><td>権限は誰にあるか？

他に出されている指示は？</td></tr>
<tr><td rowspan="6">問題
＊</td><td colspan="5">4. 動機</td></tr>
<tr><td colspan="2">自分側
•
•
•
•
•</td><td colspan="3">相手側
•
•
•
•
•</td></tr>
<tr><td colspan="2">5. 交渉による解決案（SAT）</td><td colspan="3">6. 正当化基準</td></tr>
<tr><td colspan="2">1.
2.
3.
4.</td><td colspan="3">1.
2.
3.
4.</td></tr>
<tr><td colspan="5">7. 交渉外での解決案（SAFT）</td></tr>
<tr><td colspan="2">自分側のSAFTでベストなもの
•
•
•</td><td colspan="3">相手側のSAFTでベストらしいもの
•
•
•</td></tr>
<tr><td rowspan="3">プロセス
＊</td><td colspan="2">8. 組織</td><td colspan="2">9. コミュニケーション</td><td rowspan="3">10. ロジスティクス</td></tr>
<tr><td>アジェンダ</td><td>方法</td><td>質問</td><td>情報</td></tr>
<tr><td>1.
2.
3.
4.</td><td>1.
2.
3.
4.</td><td>1.
2.
3.
4.</td><td>1.
2.
3.
4.</td></tr>
</table>

第3章 明白なことの「前に」大切なことを行う

プロセスをどう処理するか

人生が生命の受胎から誕生し、成長して、多くの経験を経て、いつの日か灯を消して思い出にかわるように、どの交渉にもサイクルがある。交渉する必要を感じた瞬間から、終了する瞬間まで、広い意味での**「プロセス」**をたどる。その進展は、交渉戦略を具現化していく過程だが、第2章で述べたかたちで計画し準備するのがよい。戦略は、交渉での戦術行動で実行されていく。さらに細かく見れば、交渉中の戦術も一つひとつのアクションの連なりである。これを交渉の流れ《シークエンス》と呼ぶ。チェスでいえば、指し手が互いの仕掛けに対処する一手一手の駒の動きである。

このプロセスはどう管理すると良くなるのか。交渉のシークエンスはどうすると最適に構築できるのか。手順はどう踏むべきなのか。決裂はどう回避するのか。決裂しそうな状況はどう乗り越えるのか。時間を節約するため、あるいは時間の浪費を避けるためにはどうするのか。この章はこれらへの回答を試みる。

この章でたどる**「交渉の基本的な流れ」**は大多数の状況に見られる。次節では、第2章で分析した準備の10要素をツールとして活用する。交渉にはさまざまな目的と様式があり、先の見えない部分がある。ある場所から次の場所へと計画的に動くにも道はいくつかあり、固有の起伏があるものだ。交渉者が対等に交渉の流れを支配することはまれである。そこも交渉なので、同一のロードマップを想定するのは、現実的ではない。交渉にはサプライズや新しい展開もあり、その度に新しい進路も出てくるだろう。とるべき進路を判断できなければ、まごつき、ミスを犯さざるをえない。出現しうる**「あらゆる」**進路と向き合うには、**「一本の」**流れを考えるだけでは十分ではないのだ。

それでも、プロセスの中でぶつかる障害物が何であれ、経験と観察から導かれた「交渉者がリスクを最小限にして前進できる10原則」がある。交渉がどの段階にあっても、この10原則は進路から外れないようにするための地図とコンパスの役目をし、相手とのやり取りや、突発的なサプライズに対して、準備内容の修正を補助してくれる。第1節はこれをとりあげる。

基本的な交渉の流れや10原則の他にも、交渉者自身の能力、行動方針、直感、性格、状況から生まれる機会をとらえる能力など、本人の**「適応力」**が重要になる。適切な解決に向かい、引っ張っていくのは、人間の力なのだ。交渉者の技も才能も**「何を、誰と、どのようにすべきか、そしていつそれが必要か」**の判断にある。

前進させるための10原則

これから述べる10原則には**「交渉者は、明白なことを気にする前に、重要なことから対処せよ」**という基本構想がある。本質を置き忘れたまま、明白なことから手をつけることが多すぎるのだ。

明白《オービアス》の語源は、「遠くからでも見える」という意味だが、そこに厄介な作用がある。明白なことは、遠くからでも見えているのに、いつのまにか視界から消える、というパラドックスだ。わかりきったことに振り回されて、壊れ、決裂した交渉は数え切れない。明白な行動の問題点は、それ自体が疑問視されないことにある。これは自分にも相手にも起こり、それに伴って「願望の衝突」をもたらす。太陽が地球の周りを回っているのが「明白だ」と長い間考えられていたのと同じで、まともな理由もなく、直感でそう思い込む。歴史、特に科学史には、論争の対象となり、少なくとも真偽が微妙な「明白な見解」がいまだに居座っていることを忘れてはいけない。

交渉者は、明白なことから手をつけるのではなく、本質的なことから対処しなければならない。本質が交渉の心臓部であり、これを見つめずして進展と成功はない。つまり、物事を前進させるためには、とるべき行動に優先順位があるということだ。ここに、まず大切なことから始めよう、という本書の公式がある。これから検討する10の原則は、交渉のいかなる時点でも、展開をできるだけ効果的に整備するための基礎になる。

1　アクションの「前に」準備する

第一原則は第2章で扱った「準備の重要性」だが、ここでは2つの要素を追加する。ひとつは、交渉の流れには、準備を練りなおす作業も含まれ、その時間を取るべきだ、という点である。最初の準備内容が使われなくなることは現実に起こる。個々の交渉の状況は、新しい情報、新たな参入や離脱、市場や法的環境の変化など予期せぬ変更の影響にもさらされる。このような場合は、そのまま行動するよりは、改めて準備しなおした方がよい。休憩をはさむだけで、状況を再検討し、隠れた重大な意味を明確にできることもあるし、時には本格的な延期も必要だろう。

状況変化による急激な修正

一九九六年の末、本書の著者の一人がフランスの欧州担当大臣ミシェル・バーニエが組織した協議会「欧州のための国民対話《ナショナル・ダイアログ・フォー・ヨーロッパ》」(19)に関わっていた。マーストリヒト条約の批准による様々な影響が渦巻く中、欧州の未来についての市民集会が各地で多数、数か月も続いていた。国家主義者の代表たちの主張が熾烈な論争を引き起こしていたので、どの地域の討論会も、徹底した準備が必要だった。この時期のフランス下院の解散はまったくの想定外で、しかも協議会の報告書作成のさなかに起こった。この報告書は、欧州問題に対するフランス人の世論を表明するためのもので、超党派的に考えられていたが、突然、選挙期間中の候補者の立ち位置を大きく揺さぶるリスク要因になった。待つ必要があるという判断になり、「棚上げ《ブレイク》」が宣言されたが、それほど変化が急激だったのだ。以後はこの「対話」を耳にすることはなく、選挙が粛々と進められた。

新たな、予期せざる展開に対応するとき、賢明な交渉者は準備し直す時間、内省する時間を調整する方法を知っている。広い意味では、交渉プロセスは準備と現場の交渉の連続である。フランス国王ルイ一三世時代の宰相リシュリューのいう「永続的交渉」では特に、準備と交渉の連鎖が重視される。欧州を舞台として延々と続く農業マラソン交渉がそうで、欧州各国議会は命令や規制の準備のために、あらゆる領域の専門家と無数の会議を重ねている。対象範囲（外務、内務、法務、財務、農務など）とレベル（国家元首、大臣、常任代表者、欧州委員会理事、専門家）ごとに、準備と交渉は必然的に連続するのだ。

さらに**「特定の交渉が予定されていなくても、準備はしておかなければならない」**。「交渉というものの全般」に臨む覚悟をしておくことが大切だ。潜在的な危機への準備がそうで、社会的な対立の解決のための心構えをしておく最適なタイミングは、軋轢が爆発するときではなく、もっと早い時期である。早期のあらゆるかたちの予測が、いずれ役に立つのだ。

準備のツールを習得するには継続学習が効果的であり、事実、主要企業の社員向け研修プログラムには、交渉モジュールが組み込まれている。これは、翌日から始まる顧客や納入業者を相手とする交渉の準備だけではなく、同僚との仕事の準備のためでもある。交渉モジュールは、受講者が模擬演習を通じて交渉を体感できるようになっており、エラーを検討し学習する機会を提供して、自分の強みに気づき、新しい技術に慣れ、職業生活の中で向き合うであろう交渉に自分を備えさせるように構成されている。明日の現実を今日、シミュレートしておくことにより、交渉で大切な要素について明確な予測ができるようになる。

2 参加の「前に」連合を形成する

この原則は、多数の関係者の関わる交渉に参加する際には常に当てはまる。代表者が数十人とか、国連のように加盟国が二〇〇近くにもなる多国間組織が典型的な例である。そんなに多くの代表者を同時にさばける交渉者はいない。そこに話し合うべき課題が複数となれば、変数の組み合わせは膨大になり、優秀な数学者でも計算を避けるだろう。混沌は必至である。そうした交渉には**「事前に連合を形成する」**プロセスがいる。アクションの前に準備をする必要と並ぶ原則である。

この事前の支持形成の原則は、交渉者が他の主要団体の代表者と顔を合わせて会談する場合、特に意思決定プロセスで過半数を握っていない時には不可欠である。加盟二七か国の欧州連合が、ある取り決めを採択する状況で考えてみよう。その取り決めが、ある国の利益を大きく損ねるため、当該国の代表者は断固反対しようとしている。ここで過半数を確保するためには、会期中に他の二六か国と交渉するより、主要国を押さえることから始める方が現実的である。総会が始まる前に連合を形成しておくことが必須なのだ。こうした準備が行われている多者間交渉は、正式に始まる前にほぼ終わっているといってよい。

早期の連合形成にはもうひとつの大事な利点がある。会期中に守るべきルールが定まることだ。これは事前の承認にもなり、早期から連合に加わっていることが、最終決定の形成と同時に解決案策定への関与につながる。連合形成の川上での参画は、本会議という川下での存在感につながり、当然、発言の機会も増える。最終決定に寄与しておくことで、決定の実行や展開の予測も容易になろう。

早期の連合形成の原則は、協議という手順を踏む際にも暗黙に利用されている。大型コミュニティの再開発プロジェクトなどの事例では、できるだけ川上で連携しておくことが成功の鍵となる。「計画を通せるように協議するのではなく、協議しないと計画が通らないのだ」。これは元フランス首相ミシェル・ロカールが、パリ近郊のセルジー地区の大型社会基盤開発計画についてのインタビューに答えたときの表現だ。[20] 製薬会社なら、製品を市場に出してから不認可とならないよう、事前に科学担当部局および行政当局と協議するはずだ。同じように、欧州で企業買収を計画していて、それが市場における独占的な競争力を持ちそうなら、公正取引当局、特に欧州委員会の競争管理局と、買収の合法性について前もって相談するだろう。

連合形成の原則は、社内の経営改革にも当てはまる。会社の利害関係者と早期に連携しておく必要を顧みず、社員側との交渉で孤立した役員で考えてみよう。この役員は、経営委員会のメンバーに改革案の目的を社員に説明することを頼まず、社員の代表者とも会おうともしなかった。交渉は人事部長に任せず、自分で乗り込んだ。一人きりで準備し、協調の必要性を考えないリーダーシップスタイルは労働組合から非難された。自分が優位にあると思い込んでいたが、その目の前でストライキが起こり、マスコミも飛びついた。自分のやり方について誰にも意見を求めなかったので、取締役会でも自己弁護するのは難しかった。

連合形成プロセスでは、非公式のチャネルが使われることが少なくない。一般的には、舞台裏や会議場の外の廊下などの非公式な接点を通じて行われている。多数の当事者が関与する交渉では、交渉のテーブルに着く前に具体的なことを詰めているほど、成果につながりやすい。このマネジメントは第7章で論じる。

3　何よりも人を第一にする

どの交渉でも、テーブルに着いている交渉者間の関係がなによりも優先されなければならない。理由は単純で**「関係が存在しなければ、良い交渉になる可能性はない」**からだ。

「関係を構築する」

関係を言う時には、少なくとも、情報のやりとりの接点を想定している。「接点を確立すること」は、警察の危機対応交渉人の例（銀行を襲撃した犯人や刑務所内で暴動を起こした囚人との交渉など）でも知られているように、優先項目である。その状況でも、交渉人は接触を通じて、人質を取っている犯人をより理性的な心理状態に導くべく、信頼関係を築こうとするのだ。

このような極端なケースを別とすれば、**「接点」**はすでにできている場合が多い。では**「関係」**はしっかり創り出されているのだろうか。よくある過ちは、自分たちの目の前にいる人物を「ビジネス」の単なる部品のようにみなすことだ。「ビジネス上の関係」という表現に潜む危険は、最初のビジネスという語に含まれるあらゆる計算が、次の「関係」という語の意味を薄めることだ。しかし「関係」の方が大前提で、まず取り組むべきは関係そのものなのだ。相手の人物と**「対峙する」**のではなく**「共にある」**という姿勢になるためには、ビジネスの方はしばし脇におかなければならない。

「交渉では、理屈《ラショナライズ》を語る前に人として《パーソナライズ》向き合うことが大切だ」「ビジネスはビジネスだ」といって相手の人となりを無視したり、まして利用したりするような冷たいアプローチにならぬよう注意する必要がある。交渉相手は自由に交換できないので、相手を知るための時間を惜しまないことが大切だ。相手の大切さを認めていることも伝えなければならない。

交渉者は人間であり、情緒も感情もある。誰もがそれぞれの人生のなかで、希望、不安、野心、文化などに独自の見解がある。だから関係がとても大切なのだ。良い関係は相手の動機を理解するのに役立つ。交渉の隠れた推進力はその動機なのだ。関係が良ければ、自分の動機も相手に伝わりやすくなる。製薬会社の営業担当者から何度も訪問を受けている医師を例にしてみよう。こうした営業の販売トークは聞き飽きているので、いつもならこの医師はごく短い時間しかさかないのだが、ある営業担当者に個人的な関心を持った。彼には障害のある子があり、障害を和らげる薬の研究を進める製薬会社の役割を信奉してこの職業を選んだ、ということを知ったためである。いくつかの言葉から、医師は相手の個人的な価値観がわかったのだろう。ここでの信頼関係は、ほんのわずかな時間、自分についてちょっと話すという行為で始まり、その後に続く営業上の説明の妥当性に耳を傾けてもらうのに役立ったのだ。医師にとっては自分自身で感じたがゆえに、相手の職業倫理に安心感を持ったという面もあろう。

「難しい」といわれる人とも関係を創り出さなければならないこともある。(21)交渉の相手があまり話したくない人だったり、付き合いにくい人であったりすることも多い。しかし、固く閉じた貝にも真珠が眠っているかもしれない。優れた交渉者は、実に上手に貝を開ける技術を持っている。他の人たちが永久に「閉じている」と思うものも開けてしまう。それでも、開けるには、正しい角度を見つけなければならない。カリエールはこれにも言及している。(22)ギリシャのストア派の哲学者エピクテトスが提案したように、自分の兄弟とけんかするときは、争いの原因から考えるのではなく、自分たちが兄弟であることの意味から考えるべきなのだ。把手が2つあるゴブレットは、一方が熱くて持てなくても、他方は冷めていて持てるようになっている。優れた交渉者は、中身が熱いときにも冷めている場所の掴まえ方を、冷めすぎているときには温め方を知っている。人間関係の技は、感情を抑えるべき時と感情を刺激すべき時を理解することにかかっている。

「関係を深める」

関係の開拓は、できるだけ特定の交渉の外で行うべきである。緊張のない状況で関係が事前に深まっていれば、いざという時の作業も後押ししてくれる。リシュリューは「永続的な」交渉という考え方を提唱しつつ、関係のため「だけ」を目的とする、まったく別の交渉の必要性にも触れている。優れた交渉者は、関係を育て続ける。であれば、交渉を「休ませる」という考え方もあってよい。農地を休ませるために耕作しない時期があるように、交渉者も課題を脇に置き、交渉のための関係を育てなければならない時がある。交渉や対話の相手を知り、理解するには、忍耐が必要なのだ。将来、「何かを」交渉する必要が生じた時のために種をまくことになるのである。

関係を重視するのは、一七世紀と一八世紀の偉大な外交努力の要諦だった。アントワーヌ・ペケは『交渉術に関する論説』(23)で、外国に着任した大使の最初の仕事は、鍵となる対話相手（外務大臣が多い）と会い、次いで首都在任の諸国の大使全員と会うことだ、と言っている。訪問の目的は、起こっている問題の核心を議論することではなく、関係を築くことにある。

今日でも外交の場での「カクテル外交」にその役割がある。カクテルパーティやレセプションは、外交官が非公式に情報を交わしつつ、相手との関係を育てる機会なのだ。国家元首が他国の元首経験者の葬式に出席するのも、亡くなった人への敬意を表し、結んだ友情の証とするだけでなく、同じ時、同じ場所に多くの指導者が集まる機会に、非公式に関係を進め、深められるからだ。

ビジネスでも同じで、ディナーが朝食になりつつあるが、いずれも「ビジネス」の冠がつくのは、関係の重要性を示すものだ。こうした会食は経費で落とせるのが嬉しくて設定されるのではない。フランス語では「梨とチーズの合間」というが、食事の間に対話の相手をよく理解し、相手の動機を静かに探る場なのだ。尊重を示しつつ、なかなか表す機会のない感謝の気持ちを伝える手段でもあり、また、何かを断る時にも上品な手段になる。テニスやゴルフの試合、フットボールの大一番やオペラのボックス席への招待など、他の社交の舞台もすべて、こうした関係を開拓するためである。礼状や一本のワインや花束も、同じ意味合いで使えば、交渉に多額の費用をかける以上の効果をもたらすことも少なくない。

「関係を修復する」

関係が大事であればこそ、危機的事態の後には、修復に手を尽くすべきだ。謝ることはその典型だが、謝ることが求められる状況で、交渉者がそれをしぶることは実に多い。自分のミスを認めることで、立場が弱くなると思うのだ。だが、相手にとっては、失策を認めることが大切で、そこにつけ込もうなどという気はないことも多い。この認めるという行為の有無が、正直さや誠実さの表示にも、交渉の不安定化にもつながる。誠実な姿勢で行う謝罪は、交渉の雰囲気には影響しても、中身には影響せず、最もコストのかからない譲歩になる。さらに良いのは、そうした自分側の譲歩が相手の譲歩を促すことが多いことである。

当事者間の関係が傷ついて交渉が頓挫し、それまでの努力が失敗に終わっても、まだ2つの選択肢がある。第一は、時間をおくことである。マザラン（一七世紀にフランスを欧州最強国とした宰相）はこれを「自分のための時間」と称し、後にタレイラン（一八―一九世紀のフランスの外相）も同じ見解を述べている。時間がすべてを消してくれるわけではないが、感情を鎮め、行動を切りかえさせ、障害物を乗り越えるための休憩になることが多い。交渉における忍耐を美徳とする文化もある。時間は彼らの友人なのだ。対照的に、時は金なりで、関係を育てることは不必要だと見る文化もある。そうした人たちはさっさと終わらせようとするし、関係の数の方が関係の質より大切だと考える。こうしたアプローチは取引の数は増やすかもしれないが、関係が長続きすることは多くないだろう。

第二はもっと直接的に、後任なら機能する関係を再生できるだろうという期待のもとに交渉担当者を替えることだ。交代という選択は性質上、面子をつぶさないように戦術的に行われなければならない。パレスチナ自治政府議長ヤセル・アラファトが、イスラエル首相アリエル・シャロンから「ペルソナ・ノン・グラータ」《好ましからぬ人物》とされていた頃のイスラエルとパレスチナの交渉では、アラファトは話し合いを再開させるため、イスラエルとアメリカ政府が交渉相手と認めるマフムード・アッバスをしばらくの間、担当として指名しなければならなかった。

「関係の中の緊張」

怒り、言葉の攻撃、侮辱、敵対姿勢は人間関係の緊張を表している。感情とその表出の作用はいろいろあるが、交渉にしかるべき影響を及ぼす。感情の緊迫を管理することを主題に第６章を設けているのはこのためである。発生原因を理解し、影響と帰結を分析し、適切な技術を持って回避する方法を知る必要がある。緊張が交渉にもたらすネガティブな影響を挙げておこう。

- 不安、不満、怒りはどれもエスカレートしやすく、話し合いにも反省にもつながらず、当事者間のコミュニケーションを妨げる。
- 現実を認識できなくなり、双方にバイアスがかかり、どの事象にも偏見のフィルターがかかる。バイアスは、状況を正確にとらえる力を損ね、意思決定の能力も歪める。収束点が軽視されたり無視され、相違点が拡大し、当事者は互いの利益の両立性や補完性も見つめられなくなる。
- 相手から脅されていると思い、自分の立場に固執し、本当の動機を忘れ、交渉を阻害する。
- 関係は損なわれ、断絶し、交渉打ち切りが叫ばれ、交渉の先が読めなくなる。

こうした状況で大切なのは、**「交渉の本題に向かう前に、感情の問題に取り組む」**ことだ。熱いオーブンで何かを焼くときには、オーブン用の手袋が必要である。感情的になった交渉では、「断熱手袋をつけること」で感情を慎重に扱い、焼けた感情でも火傷をしないようにすることが必要なのだ。かなりの熱さに耐えられる人でも、そのまま長時間はいられない。ユダヤの諺は言う。「重い荷物は短期間、軽い荷物なら長期間背負えても、重い荷物をいつまでも背負い続けることはできない」。

鍋が熱くなったときは注意する。煮立たせすぎてシチューを焦がしてはならないのは、交渉も同じである。温度が上がりすぎたら、迅速で適切な行動が不可欠で、火力を落とすか鍋を火から外さないといけない。料理の本当の技は、十分なのはいつかを知ることだ。焼きが足りなければいつでもオーブンに戻せるが、焦げてしまえば「料理前の」状態には戻せないのである。

4　問題解決の「前に」プロセスをおく

関係、感情、聞くことにそこまで気を配らなければならないとしたら、問題の中身にはいつ取り掛かれるのか。ほとんどの交渉者に、牛を角から捕まえようという傾向がある。いきなり問題につかみかかるのだ。だが、しかるべき時間はあるはずで、特に問題が複雑なら、さらに時間があるはずだ。本書は、準備のステップを重視している。関与する人間と議論すべき課題の数が多いほど、本題だけでなく**「どのような形で交渉するか」**を整えておくことが大切だ。性急に駆け出して後で遅れるより、じっくりスタートして、後のプロセスで加速する方がよい。関係を構築するのには時間がかかるが、優れたプロセスも同じなのだ。

交渉の失敗は、中身だけでなく、明確に定義されたプロセスがないことに起因することも多い。交渉の場でのプロセスには、アジェンダ、タイムラインに加えて、守るべき行動ルールがある。アジェンダを設定すれば、当初の緊張を和らげ、交渉の展望を確認するポイントを提示することになる。当事者が、そのポイントを確認するのはいつでも良いという態度だと、結論に行きつかないリスクが増す。交渉はどこかで終結させる必要があり、まとまらなければ、少なくとも新しい**「ラウンド」**を用意しなければならない。法律は正論だけでなく、結論ありきでも制定される、とモンテスキューが示唆している。タイムラインはたとえば、交渉者がいつ下部委員会で課題を議論するか、いつ本会議に戻る必要があるかなどを予測して、各パートに配分時間を定めるためのものである。パレスチナとイスラエルの間のタバ合意（パレスチナ自治拡大協定：オスロ合意Ⅱ）は、二国間協議ながら、合意できない様々なポイントに取り組むために二〇〇人の交渉担当者を招集した。このプロセスの複雑性は十分に想像できよう。対象となっている問題の話し合いに入る前に、どのように進めるかについての合意が必要で、しかもそれは決して簡単な話ではなかった。

フランスでのメーカーと小売業者の交渉

メーカー（ダノン）からヨーグルトを仕入れる交渉をしている量販店（カルフール）を例にしよう。2社の交渉者が顔を合わせて価格と数量を話し合う、という単純な交渉に見える。だが実際には、ヨーグルトが家庭の食卓に届くまでには複雑なプロセスがある。多くのユニットの利害が関わるので、合意された数量や価格にミスがあれば、どちらかあるいは双方の収益に大きく響きかねない。プロセスに関わっているのは二人の「独立した」交渉者だけでなく、双方のチームなのだ。起こりうる交渉の流れは次のようなものだ。各々の部会が品質、賞味期限、ロジスティクスと輸送、低温維持管理、販売促進プラン、支払方法などについて、カルフール（SC）のチーム、ダノン（SD）のチームそれぞれに所属する専門家（S）を召集する。彼らの役割はカル

図3-1

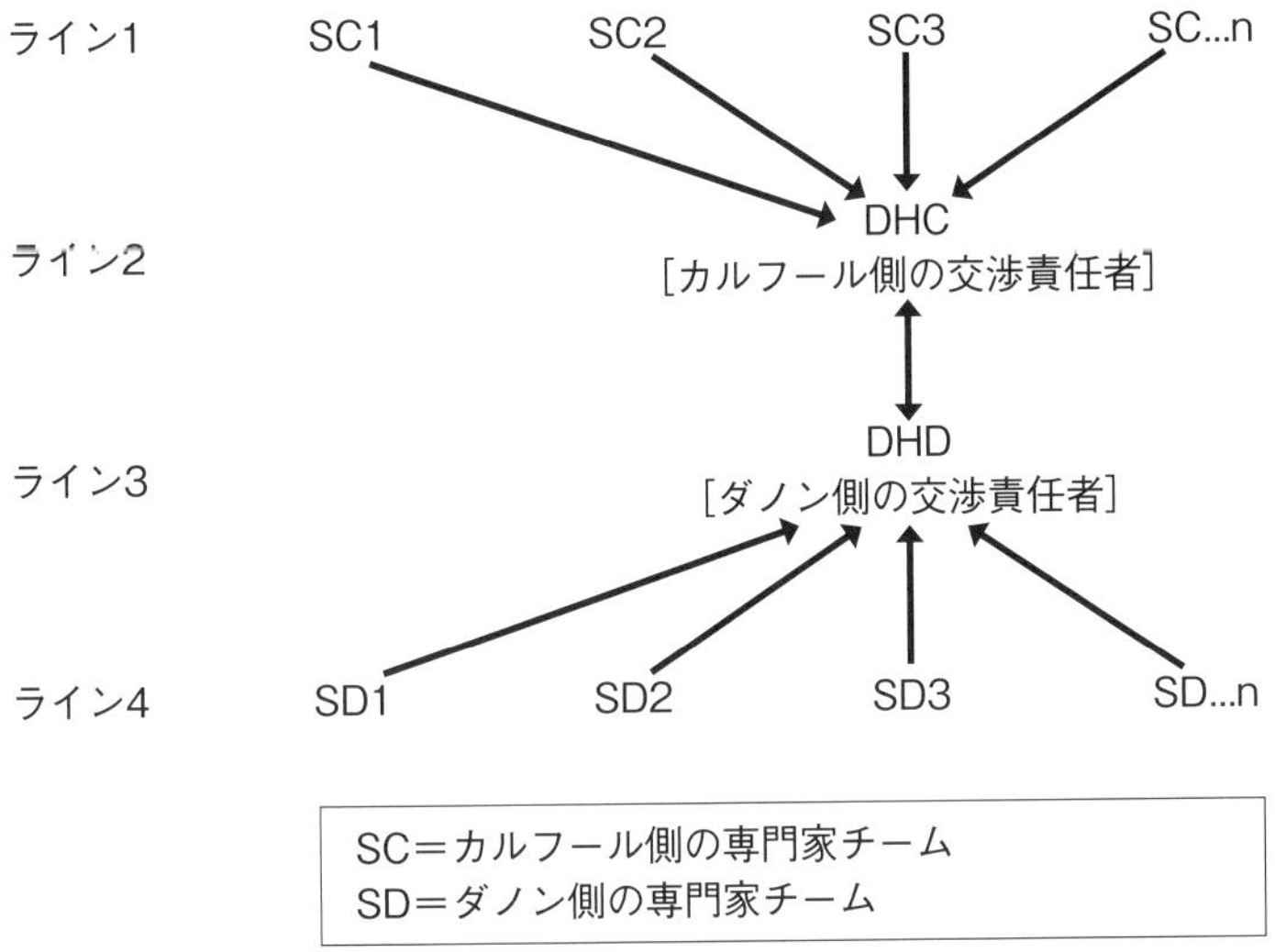

フール側の交渉責任者（DHC）やダノン側の交渉責任者（DHD）を支援するために、実際の交渉の場で自分の専門領域に話が及んだ時に発言したり、自分の専門領域の徹底的な想定準備などをしたりしておくことである（図3-1）。

社内の準備から社外との交渉へと続き、時には中断をはさむ、といったプロセスはよく見られるが、別の方法も例をあげて考えてみよう。ESSEC経営大学院IRENE（欧州交渉教育研究センター）が開催した交渉カンファレンスで、欧州小売業界のトップ企業の社長レミー・ゲランが次のようなプロセスを報告した（図3-2）。

「ステップ1」では、部門ごとの予備交渉が専門家の間で行われ、考えうるあら

図3-2

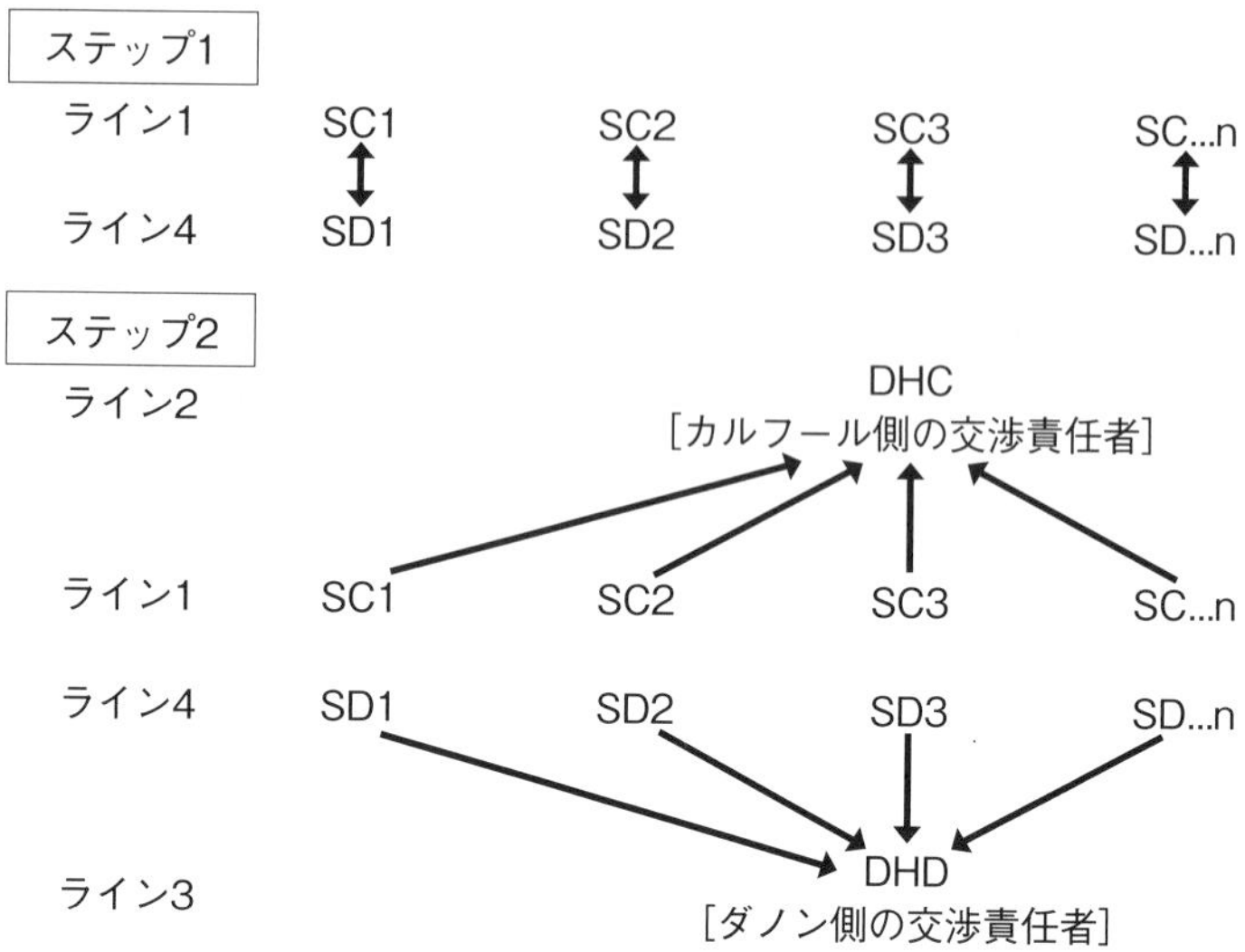

ゆる解決案を慎重に吟味した後に、双方に最も有益なものを残す。この時、内容の詳細までは必ずしも確定せず、最終的な約束はしない。

「ステップ2」では、これらの専門家が展開と提案をそれぞれの交渉責任者（DHCとDHD）に報告する。出されたいろいろな選択肢を彼らが裁定する。

「ステップ3」では、両社の交渉責任者間の会議からプロセスが始まる。この三段階プロセスのメリットは、筋道が明確になり、特に、創造的解決がより浮上しやすいことである。もし5つのテーマがあり、それぞれの専門家による5つの個別交渉として展開されれば、責任者が夢にも思わなかったような解決案を発掘できる可能性も増す。

プロセスというものが中立ではないことと、問題解決に影響しうるという点も明示しておこう。一八一四年のウィーン会議で、タレイランはフランスが敗戦国ながら交渉に参加することを戦勝国（オーストリア、イングランド、プロイセン、ロシア）に納得させた。「敗戦国」が交渉の場にいることが、手続き上の「勝利」を意味した。戦勝四か国が本会議を彼らの意向で仕切ろうとした手続き上の「逆襲」は短命に終わった。

5　話す「前に」聞く

著者としては**「話すことは忘れろ、とにかく聞くことに集中せよ」**とまで書きたいところだ。相手が耳を傾ける姿勢になっていなければ、どんな発言も無駄になる。相手が自分のことを話しきるまでは耳を傾けないこともよくある。「自分のことを話してすっきりしたい」のはもっともだが、こちらより相手に先に話をさせることにどんな問題があるのか。そもそも交渉の目標は、先に話すことなのか、それとも聞いてもらうことなのか。

一部の人の思い込みとは裏腹に、優れた交渉者とは饒舌に話す人でも、最初に話す人でも、話し続ける人でもない。タレイランは「沈黙の技術」を自分の成功の鍵のひとつにしていた。聞くことで情報を集め、慎重に自分の返答を準備したのである。経験は「話す前に聞くこと」の重要性を裏づけている。相手が望むならまず話しをさせよう。そうすれば、

- 相手はこちらの姿勢を、関係に敬意を表す行為と見るかもしれない。

◆聞いている時間は、こちらが使える情報を増やす時間になろう。相手の動機の一部も明らかになるかもしれない。

◆こちらが提案しようとしていたことを相手が話し、求めようとしていたことを提案してくるかもしれない。まず相手に話させることの一番の理由は、提案したり要求したりせずに、「与え」たり、やりすごすことだ。

◆そうして得た新しい正確な情報で武装することで、こちらは自分の主張をよく練り、説得力のある形で提示する余力が生まれる。

◆交換やお返しの規範が作用すると、まず聞く側に立ったことが強力な前提になり、自分のことを話し、聞いてもらうための糸口になる。

◆相手が話している時間帯は、こちらが自分自身をさらけ出す必要がなく、理由を言わずに特定の情報を隠しておけるし、反撃する最適なタイミングをうかがうこともできる。

シニカルな意味ではなく、人間の虚栄心に従わなければならないこともある。相手はできるだけ自分のことを聞かせたい、会話の主導権を握りたいと思っている。そこで起こる間違いは、ラ・フォンテーヌの寓話『カラスと狐』に登場するカラスのように、相手が自分の愛らしい声をこちらが聞きたがっていると思い込むことである。カラスは狐に自分の美しい声で印象づけようと、くちばしを一杯に開き、美味しいチーズを地面に落としてしまう。狐は大喜びでそれをくわえて去っていく。

人質事件のような極端なケースでも、交渉人の優先項目は犯人に耳を傾け、できる限り情報を集めることだ。相手の心理プロファイル、ロジスティクスの状況、装備、意図、人質の状況、その行為に及んだ動機などを探る。アクティブ・リスニング（第5章）が、こうした貴重な情報を得るツールになる。

耳を傾ける段階は、貝の中の真珠を発見するのにも役立つ。とんでもなく非合理的にみえる立場にも、理由つまり一粒の真珠があるものだ。この一粒を見つけたら、丁寧に取り出し、よく洗って、使えるようにする。タレイランは意見が対立したときにも、相手を非難せず、非難しても何の役にも立たないと自分を納得させ、相手の発言の中に自分の役に立つポイントを探し、できるだけ多くの共通要素に集中するようにした。

6　パイは切る「前に」大きくする

交渉における諸問題を管理するときは、目の前の価値を分割するだけの話に縮めてしまわないようにすることが大切だ。特に不景気な時の「明白な」反応が、交渉は早い者勝ち、一番うまいところは相手にとらせぬよう、しっかり握っておけ、という態度だ。

いわゆるパワーポジションをとる目的で、交渉が始まる前に一方が入手可能な価値のすべてを抑えてしまうと、分配アプローチは極端な方向に走る。座り込み、領土併合、先制攻撃がそれだ。しかし、力の行使や強引なやり方で得られるものは、なかなか正当性を維持できない。敵対的買収を例にとろう。[24]買収は完了したが、合併の条件、買収先の企業文化の尊重、社員の将来、新しい組織における責任配分などについて話し合われぬままだった。買収元は話し合わず、電光のごとく買収を果たしたい。しかし、その数週間後、数か月後に何が起こるか。買収先企業の主要人材が知識や顧客を持ったまま離職してしまうかもしれない。いずれ生産性は落ち、無断欠勤も増える。入手できる価値を余さず獲得したかったのに、買収元企業はただの空き箱に莫大な額を払ったということになりかねない。まさにピュロスの勝利（古代ギリシャの王ピュロスはローマ軍を破るが多大な犠牲を払ったこと、引き合わない勝利）である。

相手のニーズに乗じて、一方的な行為がとられる商取引もある。たとえば、販売員が相手の無知につけこみ、騙して古いクリスマス用の飾りを法外な値段で売りつけ、買い得だとまで言う。もちろん、買い手はもっと賢くなければならないし、**「キャビート・エムトール《すべては買い手の責任》」**ともいえる。だが、こうした搾取的戦術は多くの問題をはらみ、この手を使う人はいくつものリスクを冒すことになる。まず、目先の儲けのために何でもするような態度が後の関係に傷をつけ、合意も反古にされるかもしれない。一緒に働くことを拒否する、何も共有しない、してもごくわずか、といった行動は静かに相手を排除する簡単な手段である。つけこまれる経験が重なれば、やられた側は連合し、しっぺ返しをくらわすことになろう。何でも我が物にしようとする節操のない行動は、当人の評判失墜や信頼喪失にもつながる。

だが、価値を獲得する個別の努力をする**「前に」**、価値を創出する手段を相手と**「共に」**協力して探す別のアプローチがあるのだ。つまり、状況によっては、誰にとってもより良い条件でより多くを生産する努力をし、各々の専門を生かし、協力して意思決定を行う仕組みを創出することが目的になるのである。

価値創出のためのこうした予備的プロセスは、大切なことながら、思いつきからは出てこない。この論理が定着し、相手も同じ考え方になるには時間がいる。幻想を持たないことも大切だ。今日の欧州が良くなっていることに異論を唱える人はいまい。一九四五年までの半世紀、国家主義の対立と２つの世界大戦で多大な人命が失われた時代を経て今の姿があるのは、その後の半世紀に及ぶ協力と建設的な交渉の賜物なのだ。ドイツとフランスが、互いに殴り合うのではなく「一緒に価値を創り出す」ことができるなど、一九四五年に考えた者がいただろうか。いたとしても、貿易、人的交流、政治的相互依存を促し、新たな同盟から信頼を築こうというくらいだったはずだ。

企業間の戦略的提携には価値創出の論理がある。たとえば、欧州各国の航空機メーカーは連合体を形成してエアバスの開発生産を行い、現在は域内の競争で互いに疲弊するのではなく、ＥＡＤＳとして米国のライバルメーカーに対抗している。大西洋空域で何十年も競争した後、エアフランスとデルタ航空は力を合わせてスカイチームを創設した。頼り合うことが利益の創出につながる例だ。デルタの旅客がアフリカや中東に行きやすくなったのは、エアフランスの定期便の貢献であり、逆にエアフランスの旅客が北米に飛びやすくなったのはデルタの貢献だ。合算されるマイレージ・サービスによる顧客のメリットは言うまでもない。

対立状況でも、また対立状況であればこそ、分配を考える前に価値を創出しなければならない。何億円もの額が左右されるA社とB社の係争に介入した状況を、担当した調停人が語っている。彼は両社のビジネス上の関係を強化し、互いに収益をより生み出せるよう動き、当初の対立から生じていたギャップを大幅に狭めた。たとえばその対立が、A社がB社に一〇〇を要求するものだった、としよう。ここで両者がある製品について新しい提携を組むことで、A社に八〇をもたらせば、争点は残りの二〇に減る。こうした全く新たな協力が紛争解決の促進につながる場合もある。

問題解決の鍵は、まず価値を創出することである。もちろん、協力して創出した価値は、次に分配しなければならない。しかし、より大きなパイは、少なくとも、より多くの取り分を見込めるし、価値創出の段階で形成された協力の精神は、分配の段階でも継続するであろう。予備段階での価値創出とその後の分配の側面は第4章で詳述する。

7　意思決定の「前に」解決案を考案する

われわれは交渉をまとめあげなければならない。そこで重要なのは、交渉をまとめる適切なタイミングを知ることだ。現実には、未熟なまま、まとめられてしまう交渉が多すぎる。交渉者が初めに見えた合意で満足しがちで、もっと良い内容を求めようとしないのだ。しかし、交渉の目的はただ合意することではなく、**「できる限り最良の合意」**を追求することである。そのためには双方の利益を最適化しなければならないのだが、性急な交渉は価値あるものをテーブルに置き去りにしてしまう。パイを大きくするのに使える手段を活用し尽くしてはいないのだ。

かくも多くの交渉がなぜ「**未熟なまま終了している**」かは、次の3つの要因で説明できる。第一は、交渉はさっさと終わらせるのが良い、という思い込みが強いことだ。だが、優れた交渉者は焦らずに進める。第二は救済感である。出口を見つけたという嬉しさで、自分が合意できると思った最初の解決に飛びつく。第三は疲労である。交渉という戦いに疲れ、出てきた合意案で妥協する。

そうした焦りからは自分を守らなければならない。さもないと、単なる損益分岐点での合意や、自分も相手も満足していない合意に終わる。これらは「そこそこ」の合意、「やっと合意した、さあ終った」ということでしかない。話し合いを終了させる前に、もっと大きな価値を付加する道が他にないのかチェックすべきである。では、どうしたら自分たちがチャンスを最大限に生かし切れているという確信が持てるのか。交渉は、多くの解決案を検討するまで終えるべきではない。修辞学では「**インヴェンティオ**」といわれている。シナリオを考案《インヴェント》することから始め、シナリオがどれくらいうまく双方の動機を満たすかまで評価しなければならないのである。

8　合意の細部の「前に」大枠を

ウィリアム・ザートマンとモーリーン・バーマン(25)は、交渉の「大枠と細部《フォーミュラ》」を区別している。大枠は、双方の交渉者から真の動機を引き出し、共有する目標を明確にした内容をいう。交渉の流れの中で速やかに交換条件を明確化するには、まずシンプルな大枠を見出すことが大切なのだ。細部とはその大枠を基礎に、問題の各次元に組み込まれる項目である。

フランスの自動車メーカーでの週三五時間労働に関する議論

この合意の大枠では、会社の優先項目は従業員の早期退職を解決することにあり、フランス政府の優先項目はモデル企業を週三五時間労働に転換させることにあった。そして、合意に至った解決策は早期退職用の財務資源への政府補助により、週労働時間の急激な削減を補完するというものだった。交換条件が決まると、残るのは細部である。細部を詰めるのも大変だが、最も大切な大枠は見えたのだ。

国際関係では、大枠から細部への移行が難関になる。イスラエルと近隣諸国の長きにわたる対立では、「領土の平和」という大枠が、その後に展開する交渉のフレームワークになる。時にはこれが奏功し、一九七八年のキャンプ・デービッドでは、イスラエルが双務的平和条約との交換でシナイ半島をエジプトに返還した。オスロ合意のように実効がなかったケースもある。イスラエルが占領地域の一部をパレスチナに返還するはずだったのだが、大枠の合意はあっても細部を詰められず、パレスチナに返還されるべき領地の比率や返還時期と統治権の分配など、特に安全保障を左右する項目が厳しい条件として残り、解決しえなかったのである。

最後の例は、南アフリカで一九九一年から一九九二年にかけて行われた、ネルソン・マンデラとフレデリク・デ・クラークの交渉である。この時期はアパルトヘイト《人種差別政策》を廃止し公正な体制を確立するための移行期で、民主制度の原則である一人一票は**「単純な大枠」**として、会談が始まるとすぐに成立した。そこから**「細部」**に関する本当の交渉が始まった。

9　結論の「前に」交渉外での解決案（SAFT）の内容を査定する

関係に留意し、しっかりと耳を傾けて信頼を醸成する努力をしても、効果的なプロセスを検討し、価値創出と解決の考案に取り組んだとしても、交渉が双方の動機を満たすような成果につながらないこともある。この時にありがちな、落胆や無力感に陥ることと、堂々巡りをしている気分になることは区別しなければならない。堂々巡りどころか、しっかり筋道の通っている交渉が、なぜか合意に至らない、ということは実際に起こるのだ。**「心を尽くし、建設的で、生産的で、創意に富む」**あらゆる努力をしても、満足のいく解決策が出ないとき、話し合いを「締めくくる」にはどうしたら良いか。

「締めくくる」とは**「結論を出す」**ことであって、交渉を**「決裂させる」**という意味ではない。「決裂」と言ってしまうと、合意に至らせる能力がなかったという個人的な屈辱だけでなく、相手との関係も壊れ、すべてが徒労だったかのように聞こえる。そうではなく、時間の経過の助けも借りつつ、いくつかの条件が変われば再交渉する気があるという姿勢を示し、話し合いを再開させる道を考えるべきだ。**「相手があぁだ、やり方がこうだと決めつけず、問題そのものを直視していなければならない」**。交渉という継続的な協力行動には、完全な決裂はない。あるのは「延期」か「一時停止」であり、結論は会談再開の先なのである。

延期や一時停止という言葉の使い方に注意して、交渉にひとつの結論を出すことが、自分たちの動機を満たすという観点から何を意味するかを、十分に評価するまでは、交渉を締めてはならない。第2章で述べた**「交渉外でのベストな解決」**という考え方があらためて大切になる。ベストの代替案の価値を冷静かつ現実的に確認するまでは、交渉を締めくくるべきではない。交渉されている解決案より交渉外の解決案の方が、自分の利益を満たす力が大きいかもしれないのだ。

また、交渉外のベストの代替案を過大評価するという、交渉で典型の傾向にも注意すべきである。企業のトップと労働組合の指導者が、ストライキのコストを軽視した例は数え切れない。交渉を一時的であれ中断する前には、交渉外のベストの代替案を慎重に検討し、それが保証している価値を「正しく」査定するための確認を怠ってはいけない。

10　延期する「前に」コミットメントを確認する

合意が見えたと浮かれたり、逆に果てしない交渉への失望感がたまり、交渉の結論を急ぐことはよくあり、合意内容に専心すべき最後の瞬間をおろそかにしてしまうこともある。だから**「別れる前に、コミットメントを形にする」**作業をしておかねばならない。

ゴールが近づいても、さっさとまとめようという誘惑に引っかからないように自分を抑えることが大切である。双方が互いに理解したと思ってしまい、合意を共通の文書にして双方が読み直したり、明確にしたりしないのは最悪である。ここをないがしろにすると、誤解がまぎれ込み、互いの責任について新たな対立や無数の話し合いの火種を埋め込むことになる。

交渉の合意は固めなければならない。これは文書の場合が多く、作成には時間がかかるかもしれないが、相互の責任が明示され、実行が曖昧になるリスクを軽減させる。時間の経過が記憶を助けてくれることはまれで、時間がたつにつれて非常に多くの不正確さが忍び込んでくる。だから、双方の権利と義務を文書で明示することが不可欠なのだ。

受注契約

不幸な例がある。ある宇宙関連企業と操縦席の部品を生産し納入する契約をした装備メーカーの話である。この会社はその部品を製作するための研究開発もすべて請け負った。これにはクライアントへの一回目の納入分も含まれていた。必要な設備を購入し、実用のための改良を終え、生産を始めたところ、他社の方が有利だとの理由で、生産サイクルの途中で、発注が打ち切られることがわかった。契約書にはどこを見ても、生産サイクル全体が回るまで発注が維持されるとは書いていなかった。この事業計画は、収益化を一〇年間で計算していたのだが、五年で契約が解消されてしまったのだ。合意内容を十分に形にしておかなかったこと、そして契約が早期に解消される場合に支払われるべき補償を明記しておかなかったことを会社は悔やんだ。その経験から、いまでは一五項目のチェックリストを用意し、すべての合意事項に適用している。

交渉が中断しているときも、こうした確認作業は不可欠である。各セッションの終わりに、次回の会談までに各当事者が済ませておくべき内容を正確に書き留めておくことの意義は大きい。いくつか異なるセッションがあるときは、それぞれの動向を活用することが大切だ。(26) その場合、議論した重要な要素をしっかりとまとめて提示するために、一日が終わる前に休憩を取れるようにしておくのもひとつの技術である。これは交渉者が一緒に何を成し遂げてきたかを確認し、互いに収斂させたポイントを明示することにもなる。次回のセッションの準備を責務分担しておけば、要約作業から得るものはさらに多くなる。あるトピックについての情報を収集する人、覚書を作成する人、そしてその覚書をチェックする人やコメントを書いて伝達する人もいるだろう。大切なのは、ひとつのアクションプランで、交渉再開時に作業の重複を防ぎ、次につながる進捗を後押すことだ。会談の時間、場所、アジェンダを決めるという単純な行為も、合意に達するまでの手段を探ろうとの意欲を示すことにつながる。

今後の交渉では、これらの10原則をぜひ活用してほしい。われわれも、交渉の進展をこの原則で分析している。

交渉の一般的な流れ

第2章では、準備段階から、典型的な交渉の流れの骨格になる10の要素を示した。骨格の基本は、動機、交渉で可能な解決、正当化規準、交渉外の解決である。交渉の流れは7つのステップからなる。ここでは流れの展開を略述して、詳細は本書の後半で述べる。この流れは、合意が最終的な回答になることを願いながら問い続けるプロセスでもある。

ステップ1：関係とプロセスを基礎として、会議を招集する

交渉の流れのスタートには、個々の専門的背景や文化的背景とリンクした様々な要素があり、次の質問への回答で構成される。われわれは**「誰」**なのか。われわれは**「どのように」**交渉しようとして

いるのか。

- 互いに挨拶し、自己紹介し、着席し、**「関係」**を（再び）作るための会話に数分かける。
- 話し合う項目のリストを確定する**「アジェンダ」**を用意する（あるいは、新しくなったことを確認するために、すでに決めたことを再確認する）。
- 時間枠を決める。必要な電話連絡や、関係者への接触、新しい指示の確認、飲食などのために休憩を入れておく。
- 守るべき**「諸原則」**を再確認、ないし提案する。必要な場合はこの諸原則を適用することになる。議論の守秘義務、セッションを中断するルール、進め方（ブレインストーミングを入れる、など）といった、この章の冒頭で述べた原則などについて互いに確認する。

ステップ2：事実を確認し情報を得る

「何を交渉するためにわれわれはここにいるのか」　このステップの目標は、情報を共有し、見解の相違点を認識し、起こりうる誤解を浮上させることである。

一方が自分なりの事実や求めている結果を述べ、相手側がそれらを正しく理解したかどうか確認するために、話した内容を再確認してもらった後で、相手側からも同じ作業をする。それから、互いに質問に答える。このステップには第5章で詳述するコミュニケーション技術が必要になる。

ステップ3：動機を分析する

「どんな動機があるのか」　このステップの目標は、提示された事実をもとに、利害関係者の真の動機を明らかにすることである。質問を通じて、交渉者は各々の立場を慎重に検討し、そもそもの動機を見出そうとする（次のような対話を考えてほしい）。

就職面接

採用担当者：では、あなたにとって重要なのは給与額ですか？

就職希望者：『適切な』給与ということであれば、そのとおりです。しかし「他にも」あります。

（採）：適切な給与と他の事。たとえば？

（就）：妻があと3か月は仕事に復帰しないので、私が家賃を払わなければなりません。また自分の職歴に「悪しき前例を作る」ことはしたくないのです。

（採）：あなたの懸念は、給与が低すぎると経済的義務を、特に現在の状況では果たせないということ、そして今後別のところに就職するときの前例となる、ということですね。

（就）：そうです、しかし、給与の問題だけでなく、肩書きも重要です。

（採）：ステータスが重要ということですか？

（就）：ええ、きちんと伝えられる肩書きが必要です。

（採）：どういう意味ですか？

（就）：重要なのは、クライアントの前で使えることと、離職した場合にも使えるということです。

（採）：そうすると、つまり、あなたは当座のために、すぐにお金が必要で、今後の経歴に影響力のある給与と肩書きも必要だということですね。そして今後のクライアントが尊重する肩書きを求めている、ということですね。


動機を確認したら、第2章の分類でまとめると良い。

ステップ4：この交渉で話し合える解決を創案する

「どうしたら互いの動機を満たせるのか」　分析した動機を考える際は、それらを満たす解決を創案するために相手と協力しなければならない。

- 考えうる解決をできるだけ多数提示するよう相手に求める。同時に、入手できるあらゆる変数を梃子として、交渉で創出する価値を最大化する。
- 相手が了承したら、最初に考えた解決案を提示させる。相手がパスしたいという場合は、次点に移る。
- 共有する基本的原則など、案を正当化する規準を確認したら、自分側の解決案を提示する。
- 対応する補足的な案を相手に提示するよう求める。
- 双方が合意し、それが互にメリットがあり、公正な配分になっている場合には、その解決案を進める。

◆まだ満たされていない動機すべてについて、交渉できる解決を創案する。双方にメリットのあるものが好ましい。
◆双方にメリットのある解決を創案するのが不可能なら、一方の動機を他方の犠牲なしで満たす解決案との間でトレードを行う。

ステップ5：正当化規準にかなう解決候補を評価する

「どの解決案を選択すべきか、理由はなぜか」　考えうる解決案を最大数まで検討したら、正当化規準を使い、それぞれを評価する。これらの規準は価値の分配にも役立つ。

ステップ6：必要なら、交渉外の解決で道を開く

「どの解決案も役に立たない場合はどうなるか」　もっと早い時期にこのステップになることもよくある。交渉が妨げられる場合は、なるべく早い段階で、交渉外の解決候補を議論することが有効である。特にその中でベストなものについては、相手側をより現実的にさせ、過剰な期待を持たせなくするのに効果がある。もしその内容が満足とはほど遠い場合には、相手側の交渉外の解決案を検討することになる。つまり、こちら側の動機が今の話し合いの場で実現されなければ、交渉外の解決を選ばざるを得なくなる、ということだ。

ステップ7：セッションをまとめる

このステップは第8章で詳しく述べるが、ここでは、とりうる3つのかたちを示しておこう。

1 合意が見出される。内容を整理し、文書化することが重要だ。

2 合意が成立せず、当事者は交渉を続けたくない。この時は、少なくとも2つの側面を認識しなければならない。

- ひとつは、**「合意していないことへの同意はとるよう努める」**こと。言い換えれば、交渉の失敗の原因を明確にすること。失敗は、問題（たとえば、動機が相反した、一方ないし双方が持っている交渉外の解決案の方がよかった）か、関係（厳しい空気が協力を阻害する）か、プロセス（進め方がまずかった）のいずれかによるものだ。これを明確にすることは、交渉をより良い条件で再開させる可能性を高める。
- もうひとつは**「関係を維持する」**こと。交渉が失敗し、しかも関係の亀裂で将来の接点まで無くなるような事態はより大きな問題だ。ここで再度、近視眼的な態度が将来に作用するリスク（第1章）を思い出しておこう。

3 合意は見出されなかったが、当事者は交渉を続けたい。

- この会合による進捗を報告し、次に会うときに具体的な基盤から出発できるようにしておく。
- 対立点の概略を述べる。
- 上述の2つのポイントに基づいたアジェンダで、次回の会合の時間と場所を確認する。

- 必要なら、交渉を促進するために次回の会合の前に各々がやっておくべきタスクを明示する（たとえば、新しい情報を集める、より詳細で技術的オファーを示す）。

この一般的な7ステップの交渉の流れを、すでに概略した10原則で補強しておけば、交渉者に大切な何かが欠けている場合にはその一部は補えるはずで、それが本章の最終節のトピックになる。

時間を管理し、適応することを学習する

10原則は「**本質的なこと**」を先に、「**明白なこと**」は次に、ということを強調している。典型的な交渉の流れの中でこれらを実行せよ、というと、何らかの秩序があるような印象になるが、逆に、交渉の現実はダイナミックで、予想がつかないことも多い。

交渉の流れを準備するとは、展開全体をあと押しする要因とせき止める要因に応じて、諸原則の強弱を想定することでもある。原則に縛られる罠に陥らずに、それを活用し、流れを前に進めるためには、適応力が要求される。柔軟性を失うと、プロセスのコントロールに無理をし、相手の苛立ちや進め方への異議に気づかず、原則から外れかねない。

では、流れの原則を保ちながら柔軟性を維持するのは、どうしたら実現できるのか。交渉者の適応

力の見せ所である。熟練した人は、異なる状況や交渉にどう適応するかを知っている。相手がすぐに問題に取り掛かりたがり、プロセスや関係の展開に、ほとんどあるいはまったく時間をあてないときは、相手の状況をきちんと理解して適応しないと、せっかくの気遣いや努力も不必要な遅延行為とみなされかねない。

しかし、早急に交渉を始めなければならず、どうしても関係やプロセスを無視せざるをえない場合には、交渉の流れ全体に注意を払い、いったん立ち止まったり、戻ったりできるようにしておく工夫がいる。たとえば、相手が苛立ったり疲れていれば、「どんなことより『まず』人を大切に」の原則に立ち返り、相手のために休憩を提案したり、コーヒーを勧めるという単純なことにも効果がある。また、障害物があれば、「問題の**『前に』**プロセスを」の原則に立ち返り、前進させるための最良の方法について話し合うことを提案すればよい。自分が話しているときに相手が耳を傾けなければ、アクティブ・リスニングで、こちらが聞く側に回ればよいのだ。

ここで述べてきた諸原則の使い方にはバランスが必要だ。「これ」を最初に行うなら、できる限り次は「それ」を行う。しかし、「それ」を先に行うこともある。このときは、とっているリスクを認識し、次に「これ」を行い、「それ」に戻る、といったことが大切なのである。

交渉者はしばしば非対称の状況にぶつかる。たとえば、相手側がこちらの目には自明なことにこだわり、双方が**「共に」**求めるべき交渉の重要なことを妨げている、という状況である。相手が関係などまったく気にしていなければ、結果として双方に損失が発生することもあろう。交渉者はしかるべき責任を背負う存在だ。忍耐力は重要な資質のひとつである。この資質は、最初無視されたとしても、相手側に強要することなく、交渉の成功を左右するようないくつかの重要な原則に立ち返れる能力でもある。典型的な交渉の流れ、原則の構築、交渉者の適応力の組み合わせは、複数のプレイヤーの解釈がミックスされるジャズに似ている。各々がユニゾンになる場所がわかっていて、テーマを構成する部分を尊重し、アドリブを即興する。と同時に、ハーモニーとリズムを共に展開し、曲の流れの要求する創造性に適応するのである。

第4章

切り分ける「前に」ジョイントバリューを最大にする

問題にどう対処するか

第1章では、競合的アプローチには価値の創出を妨げ、当事者間の関係を損ない、時には交渉決裂ももたらすリスクがあることを注意した。フィッシャーとユーリも(27)**「原則立脚型交渉」**理論で協調の価値を強調しているが、原則立脚型アプローチを現場で実行するには、いくつもの障害物にぶつかるのも事実だ。本書は**「協調中心の戦略」**をとるのだが、価値の分配での緊張にもしっかり目を向ける。

われわれの「メソッド」の基盤である「明白なことからではなく、本質から当たれ」は、次のようにも見てほしい。交渉者は反射的に価値の切り分けに目が行くものだが、その**「前」**にまず、協力して価値を創り出すことに取り組まなければならない。協力によって創出される**「ジョイントゲイン」**こそ、その交渉から持ち帰れる「各自の」取り分の原資なのだ。交渉の目的は、ただパイを切り分けることではなく、掘り起こせる価値を**「まず増やし」**、**「それから切り分ける」**ことだ。交渉が完全な

表4-1　交渉者のジレンマ

		交渉人B	
		協力	競合
交渉人A	協力	A：＋　B：＋	A：−　B：++
	競合	A：++　B：−	A：−　B：−

分配型で、どうやってもパイのサイズを大きくできないこともあるが、ほとんどの場合、活用できる価値を創出する手段が存在する。**「優れた交渉とは、割り算の前に掛け算をし、引き算の前に足し算をすること」**である。

価値を分配する前に価値を創出するのは、そのまま2つのプロセスになる[28]。ひとつは**「協力」**を要する、価値創出のプロセスである。これには、相手に胸襟を開き、情報を開示することが必要だ。自分と相手のためにジョイントゲインを生み出すにはしかるべきリスクを伴うということでもある。もうひとつは、何らかの**「競合」**がからむ価値分配のプロセスである。交渉者間でどちらが何を取るかを決めるのだが、互いの利得を大きくするための協力と自分の取り分を大きくするための競合の間に生じる緊張は「交渉者のジレンマ」をもたらす[29]。これは有名な「囚人のジレンマ」と同じく、次のような状況になる。もし自分だけが相手に情報を与えれば、結果として損をする危険性がある。もし双方が知識を与え合うなら、最適な解決策を見つけるチャンスが増える。もし双方ともに情報を出さなければ、目の前の問題を解決できなくなるリスクがある。協力と競合のこうした緊張は、交渉では避けることのできない根本的な課題なのだ[30]。二人の交渉者（AとB）間の協力と競合の選択の組み合わせには**表4-1**のような4つ帰結がある。

双方が協力する場合は、価値を十分に創出し、公平に分配することで、互いの（常に最適値でなくとも）メリットになる（＋、＋）。一方が協力しても他方が競合する場合は、協力した側が一方的に利用されるリスクがある（＋＋、－または－、＋＋）。双方が競合するという決定をした場合は、新たな価値の創出が阻害され、互いにダメージとなる（－、－）。

協力すればプラスの成果を出すのに、交渉者が協力を習慣にしないのはなぜか。2つの理由がある。ひとつは、協力にはリスクがあるのを本能的に察知するからだ。多くの交渉者が自分の方から条件を切り出すのを躊躇するのも、この本能のせいだ。自分が犠牲を払って相手が得をするのではと気になり、できるだけ大きな成果を得たいと思いながらも抵抗するのである。だが、協力する最初のステップは、自分のカードを見せることだ。より速やかに前進するためには、鎧を脱がなければならない。一般的にはその逆で、何も言わず、提案もせず、相手からできるだけ多くを取るという競合の論理が、リスクを狭める最善の手段だと思われている。この競合的態度をとらせる傾向のもうひとつの理由を「交渉のジレンマ」が明らかにしている。発生するリスクを最小限にするか、とりうるゲインを最大化するか、の選択である。多くの交渉者が競合的アプローチをとるのは、相手も競合的な場合のリスクに備えるためだ。自分の視点からは純然たる防御のための行動も、相手の視点からは攻撃的に見えることが多い。それで、対抗し合う悪循環が起こり、双方を「**負け＆負け**（－、－）」均衡に導く。

しかも、協力のバランスは「**不安定**」だ。一方がこのバランスを破り、競合で仕掛ければ、初動者優位を勝ち取ることになる。次の例も同じだ。

高速道路の路肩走行

高速道路の渋滞も、路肩に走り出せば、抜け駆け的に先に行ける。最初に動けば、他のドライバーが交通ルールや警察を心配して路肩に出るのをためらう間に前に進める。もちろん、すぐにこれに続く車が何台も出てくるだろうし、この競合行動をとる者が多ければ、この路肩もまもなく渋滞する。競合はいずれ広がり、誰かが得するような隙はなくなる。

自分の行為は相手の行動に影響しない、と信じている交渉者がかなりいるが、大きな間違いである。一方の交渉者が競合的な戦略をとれば、相手もリスクに身をさらすのを避け、防御のために同じ行動をとる確率が高まる。

良心的に行動する人々の思いとは裏腹に、競合的行動の均衡はそれなりに**「安定」**する。競合の均衡を崩して、協調姿勢を見せた側は、相手との関係で不利になるリスクを冒すことになる。ドライバーのもうひとつの例を見よう。

凱旋門のラウンドアバウト

パリのシャルル・ド・ゴール広場は、ある観光客には悪夢の場所。彼女がレンタカーでのこのこと広場のラウンドアバウトに入り込んだ様子を想像してほしい。巡る車の流れをみながら、次は自分を入れてくれるだろうと、他の車に先を譲る。だが、ハンドルを握る彼女の手はすぐに汗ばみだす。凱旋門のラウンドアバウトにそんな約束（譲るという協力行為にお返しをしてくれる車）はない。どの車も先を譲ることなく鼻を突っ込もうとする。もっとも、このシステムはそんな競合方式でも機能しているらしく、バンパーをぶつける車はあまり見ない。

交渉は競合に入り込みやすいだけに、協力に戻るのが難しい。このジレンマを克服するには、交渉の流れを2つの異なる局面に分解する必要がある。ひとつは価値を創出する局面。ここでは、双方の交渉者が協力姿勢をあえて見せるべきだ。ついで、双方が競合的アプローチをとる、価値を分配する局面である。優れた交渉者は、前述のジレンマを迂回し、最初の協力と次の競合を切り替える方法を知っている。そして、価値の創出と分配という2つの局面は、交互に継続する。価値を創出し、ある時点でこれを分配し、また価値を創出し、次の段階でそれを分配し、と続くのである。

車の流れ

凱旋門のラウンドアバウトの例は、人間の自己中心的行動そのものに見えるかもしれない。しかし、車の動きをもう少し観察すると、二種類の小さな運動の流れに従っているのがわかる。他車を前に行かせる協力のブレーキ操作と、他車の前に出る競合のアクセル操作である。この微妙な切り替えが、初めての観光客ドライバーには恐ろしく思えても、渋滞を作らずに車を流すという、一見不可能と思える均衡を生み出しているのだ。

こうした協力と競合が同時に要求されるのは**「問題解決の世界標準」**である。そして、その大前提こそが、切り分ける前にパイを大きくすることなのだ。この章の原則、「切り分ける**前に**ジョイントバリューを最適化する」からあらためて認識すべきは、交渉が生み出す効用の全体とは、当事者が個別に独力で手に入れられる部分より大きいことである。

価値を創出する

良質な協力が、交渉に価値創出を導く。これまで見てきた原則がいくつかからみ、最も大切なのが、埋もれている動機を解明し、ゼロサム・ゲームから脱却し、交渉による創造的な解決を促す準備の局面だ。ここでの前提は、当事者が情報を交換し、進んで知識を共有することである。

価値創出の源泉

価値創出の重要性をひとつの例から見ておこう。

トップレベルのスポーツ選手

プロスポーツチームと選手の間の話し合いは、年俸額だけではない。どちらでも、年俸の金額を言い出す前に、価値を創出する他の手段を探せば、もっと共通の利益がある。直接であれ間接であれ、チーム側にも選手側にも、利益をもたらすアクションはたくさんあるはずだ。選手は自分のスポンサーとチームを組み合わせられるかもしれないし、チームが選手とスポンサーを、ということもある。選手がチームのプレイオフ進出を決める試合で得点できれば、新しい試合の入場券の売り上げが確保でき、ボーナスの対象となろう。選手の記事を追い、ひいきのユニフォームを着て、関連グッズを買うファン。ここに選手とチームが協力して売り上げを伸ばす領域があるのは明らかだ。これで選手が自分のブランド価値を高められれば、モチベーションも上がろうし、チームにも同じ効果が生まれる。こうした機会の活用は、基本給よりも多くの富が創出されることがはっきりし、交渉プロセスは躍動し、面白くなる。

価値創出はかくも重要なのだ。価値創出とは、変数がひとつだけの交渉を**「変数が複数」**のプロセスに変換することでもある。交渉にある複雑性の価値に目覚めるのもここだ。経験豊かな交渉者は、価値創出が可能な領域に気づき、その領域を双方に最適な結果に導く梃子として使う能力を備えている。価値創出には明確な方法論がある。次に述べる５つの要素は価値を創出するツールになる。

相違点を梃子にして価値を創り出す

類似点が合意を促進するという直感的な前提に惑わされてはならない。大多数の合意のベースは、当事者間に存在する相違点にあるのだ。単純な例なら、私が一斤のパンを買うのは、それが代金より価値があるからだが、パン屋さんにとってはその逆のはずだ。交渉も同じ概念で成立する。だからこそ、選好の相違点を明確にし、交換しなければならない。探索すべき相違点には何種類かある。

1．資源の相違

二人の交渉者が別々の相補的な資源を持っている状況。二人の農民がいて、一方は生産に追われ、注文に追いつけず、他方は受注がなく、農機具は使われないままになっている。後者が前者に労力と機材を貸せば、各々の状況を最適化できるだろう。農業協同組合の設立も、農民がこうした調整と規模の経済による利益を得るためだった。そこで、交渉前と交渉中に問うべき次の質問が出てくる。

- **自分にあるどの資源が、相手の役に立つのか。**
- **相手にあるどの資源が、自分の役に立つのか。**

2．ニーズの相違

一方の交渉者にとっては些細なことが、相手にとってはとても大きな利得になる場合がある。ある女優は、出演する映画のポスターに載る名前を大きくしてくれたら出演料は下げてもよい、と考えるかもしれない。大きな文字で認知度が増すことが、彼女にとってはより価値があり、プロデューサーにとっては頭の痛い制作費の節約になる。

企業と研究機関の提携

ある大企業が研究機関に紛争解決の調査を依頼した。大企業にとっては些少な額の調査費用も、研究機関にとっては博士課程の学生数名分の人件費に値する。この資金で新たな調査員を得て、研究機関は持ち出しをせずに成果を出し、調査結果から導かれた洞察は、企業側に収益増をもたらした。

当事者間の多様なニーズから形成される合意があるのだ。必ず問うべきは、

- **自分にはほとんどコストがかからず、相手には大きなメリットになることで、自分ができることは何か。**
- **相手にはほとんどコストがかからず、自分には大きなメリットになることで、相手ができることは何か。**

3. 時間選好の違い

時間管理は難題を緩和する手段になる。

選択に対する時間の影響

特定の業界団体に改革を求めようとしている政治家は、その施策に対して予測される反応が好意的か否定的かによって、改革の実行を次期選挙の前にするか後にするかの判断を変えるだろう。

キャッシュフローに難を抱えている会社なら、取引では値引きよりも納期を優先するかもしれない。現金を必要としている販売担当者なら、即金での支払いには値引きに応じるかもしれない。逆に、支払いを遅らせたい調達担当者なら、割り増し払いに応じるかもしれない。

ここで問うべきは、

- **課題になっている利害について、自分の時間的選好は何か。**
- **相手の時間的選好をどう推測するか。**

4. リスクへの向き合い方の違い

交渉者によってリスクに対する見方が異なり、他者より高いリスクをとる者もいる。保険会社は、相手のリスクを保証することで収益を得ている。割増金との交換で、より大きなリスクを受け入れる者もいれば、リスク回避型で高いコストないし低いメリットを受け入れる者もいる。保証延長は、購入者が長期のリスク回避を求めて、販売者に割増金を払うというモデルで動いている。ここで問うべきは、

- **自分は通常、リスクに対してどんな態度をとっているか。特に今はどうか。リスクを受け入れたり軽減したりする際のポイントは何か。**
- **相手側のリスク耐性はどうしたら評価できるか。**

5. 将来の事象の発生確率の予測の違い

特定の事象の起こる確率への見方も、交渉者によって異なる。

> **コンサートホールのレンタル料**
>
> コンサートの主催者と会場の所有者を例にとろう。所有者と主催者は、このコンサートの成功する見込みについて異なる評価をしている。所有者はこのコンサートの客の入りは少ないと予測しており、定額の高い使用料を求めている。主催者は、チケットは完売できると思っており、前払い金が高くついても、チケット売上げの大部分を手に入れたいと思っている。

ここで問うべきは、

- 将来の事象の発生確率とその事象の特徴に対する自分の予測はどうか。
- その発生確率への相手の予測はどうか。

協力して価値を創出し、経済的利益を実現する

交渉は、各々が協働することで価値を創出し、コストを下げたり、提供サービスを拡大したりする

ことで経済的利益を生み出す。

1．規模の経済とシナジー効果

双方にかかるコストを削減するために、資源や機能を共同利用する。多くの企業合併を後押しする論理がこれだ。

企業合併

2社が合併し、仕入れを共同管理すると、発注品の価格を安くできるだろう。小規模サプライヤー群との関係で調達拠点を集約したり、より低いコストでより質の高い製品を生産すべく共同研究を行うのも、同じ原理である。

工場立地

電子部品の大手サプライヤーが、自社の工場を主要顧客の工場に隣接して建てる。運送費を削減し、ストライキなど不測の事態による遅延のリスクを除去しようとする選択である。

これらは、交渉者がそれぞれに対応する活動を検討し、コストを削減する方法を見出そうとする例だ。価値を創出することではなく、コストを抑える話だが、こうした措置が期末には双方の貸借対照表上にプラスの効果をもたらす。

ル・モンド紙の印刷機

フランスの日刊紙『ル・モンド』は『レ・ゼコー』紙と印刷機を共用することで印刷部門の収益性を改善できた。ル・モンドが午前中に印刷されるのに対し、レ・ゼコーは夜間印刷されることから実現できた規模の経済である。ここには規模の経済と相補的なタイミング要件の組み合わせがある。

こうしたシナジーについて問うべきは、

・別々に行われていた作業、実現できなかった作業を、諸コストを削減するかたちで統合できないか。

2. 範囲の経済

双方の組織が提供するサービスを広げるもので、第三者にも容易に拡張できる。

コーチング

ある組織の専門職研修を行っているコンサルティング会社が、コーチングも担当することになれば、双方の費用を抑えたまま、提供業務を拡大できる。

パッケージ商品

航空会社はあらゆる顧客ニーズを満たすべく、ホテル・チェーンと組んで包括型の商品を提供している。こうしたパッケージ商品では複数の要素を同時購入するので、個別に購入する場合より総費用を抑えることができる。しかも、提携に参加する企業は直接取引になり、旅行代理店への手数料がかからない。

ここで問うべきは、

- 既存の活動を、自分にさほどコストをかけずに、相手には大きなメリットとなるオファーに広げるにはどうしたらよいか。
- 相手がほとんどコストをかけず、こちらに大きなメリットになるオファーにするには、どうしたらよいか。

決着後の解決から価値を創出する

価値創出の局面は、プロセスの中では確認された中間的な合意案を活用できるが、それが最終結果につながるとは限らない。交渉の目的は、ただ合意することではなく、交渉の場に出されたあらゆる要因から、考えうる最良の合意を見出すことである。一方の満足を損なうことなく他方の満足を高める、経済用語でいう最適な合意を見出すことなのだ。双方の交渉者が考えた最初の合意案が、実現しうる最良の成果だとしたら、驚くべきことだ。ところが、ほとんどの交渉者がそうだと思い込む。これを**「早計な合意」**と呼び、どちらも手をつけない価値が交渉の場に放置されている、看過の許されぬ事態である。

最初の合意案は、調整を進めるための出発点くらいに考えることだ。最初の合意案が一種の安心感を与え、交渉者は自分たちの動機をじっくり見つめるようになり、枠にとらわれずに最適な組み合わせを追求するようになりやすい。話し合いにさらに時間をかけることで、双方が動機を深く掘り下げ、新しく創造的なソリューションを生み出し、双方にとっての価値を増やす可能性が出てくる。最悪でも最初の合意案に戻れば良いし、最高なら理想的合意にも手が届く。これを「決着後の解決」という。

コンフリクトの再発予防から価値を創出する

コンフリクトにぶつかると、衝突事項の最も目につきやすい要素に集中しがちになる。誰しもその対立点による直接的な影響を抑え、必要な場合は生じたダメージを手当てしたいと思うものだ。場合によっては、すべて初めからやりなおしになる。こうした近視眼的なアプローチをとると、動揺が始まる前の競合的なバランスに戻るだけで満足してしまう。価値が生まれないだけでなく、同じ原因が同じ結果をもたらすので、同じコンフリクトが当然のように再発する。

犯罪との闘い

コンフリクトの再発には多くの事例がある。犯罪との闘いでは、警察の増員、法律の強化、刑務所の増設などの取り組みがある。いずれも何らかの結果は出るが、根本的な原因が省みられていないと、犯罪は起こり続ける。そこで、犯罪の原因と症状の両方に取り組む統合的アプローチがとられる。家庭、教育機関、関係団体などあらゆる利害関係者の認識を高め、雇用研修を刷新し、より良い街づくりを考えることから、長期的に犯罪を抑制し、社会全体が向上する効果を目指すものだ。

交渉におけるコンフリクト解決も、同じように予防の機能を備えていなければならない。コンフリクトの原因に取り組み、緩和することで波乱のコストが回避され、価値が生まれる。

紛争予防システム

社会的コンフリクトに関しては、目の前の懸念事項の枠を超えて、最初の対立点に火をつけた根本原因へと話し合いを広げることが必要である。将来のコンフリクトはこの方式でしか回避できない。労働組合も「合意かストライキしかない」といった二分法的な論理にとどまらず、紛争の予防制度を定めることを経営者側と話し合えるはずだ。こうした仕組みは、初期警報の発令のように時宜を得た起動により、放っておけば社会的な動揺につながりかねない緊張を緩和してくれる。問題の発生を事前に予測するために社会的緊張を常にモニターすることもこれに含まれる。必要なら、調停人の助力を借りて交渉を調整するのもよい。社会的危機が突発する前に交渉が行われるよう、諸事を整えておくのである。

逆に、予測と予防の仕組みがコンフリクトへの新たな知見をもたらすこともある。これらの仕組みを実行すると、隠れたコンフリクトを可視化させる浄化作用が働き、それがパラダイムシフトにつながる。こうした状況では、関係者は一時的な解決を避け、取り組むべき真の課題を解決するために、根本的な改革を求めることが大切だ。そのコンフリクトが起こるまではなかった、創造的な解決が必要となり、問題の再発を回避するために当事者全員のコミットメントも要求される。

プロセスによる価値創出

非常に制約の多い状況でも、価値を創出する手段が少なくともひとつはある。それは交渉のコストを削減することで、プロセス自体が対象となる。経済学で言えば、交渉は取引コストである。二人以上の交渉者が関与し、時間や他の資源を費やす。このコストは当事者が負担するので、誰にとってもコストは少ない方がよいという金銭的利害がある。時間を無駄にせず、互恵的に情報を開示し、自分のカードをテーブルに並べていく交渉は、このコスト縮小の簡単な例だ。たとえば、買い手と売り手がオープンブック式のサービス提供に合意していれば、残りはマージンの決定だけになる。

第7章では、間に人を介することで生じる取引コスト、特に、最終的な価値創出、配分にインパクトがある料金設定を検討する。

規模の経済や範囲の経済、コンフリクトの予防、プロセスの合理化と、何を梃子とするかは違っても、目的は常に価値の創出であり、それには情報を効率的に交換することが不可欠である。

情報交換の役割

情報交換には、優れたコミュニケーション・スキル（第5章）が求められるが、ここではエッセンスを述べておこう。

1．関係性の重要度

情報交換には当事者間の実務的関係が必要になることが多い。関係が良ければ、情報交換も良くなり、逆もしかりで好循環になる。長期的な信頼関係の構築にはたゆまぬ配慮がいる。

2. 分類

準備局面では、交渉者は持っている情報を重要度の低いものから戦略性、機密性の高いものへと整理しておかなければならない。それにより、何をどのような順序で、いつ言うべきかを把握できるのだ。

3. 質問と創造的解決

情報は、投網でしか捕まえられない魚の群れである。交渉者は、相手の動機を浮上させるために一連の質問を投じる必要がある。同時に、どんな質問にもいくつかの回答を用意しておかねばならない。これが、間接的に相手から情報を引き出す技術なのだ。出せる選択肢がひとつしかないと、回答がイエスかノーに終わりかねない。複数の案を出せれば、ある案がなぜ他よりも良いのかが見え、相手が判断を決める理由がわかる。どれが選ばれても動じないくらい、残りの選択肢のインパクトが自分にとって同じレベルだと理想的だ。図4-1は、横軸には交渉で自分が得る効用を、縦軸には相手が得る効用を示している。それぞれの提案は相手側への効用が異なるが、自分への効用は同一、つまり相手の選好でどれを選んでも、自分には等価だ、という意味である。相手がなぜ特定の案を拒み、それ以外の解が良いかを説明するのを待つ。等価の複数の案を相手に提示することで、相手側の選好の理由が浮上するのだ。交渉が進むにつれて、この情報の価値が証明されるはずだ。

4. ギヴ・アンド・テイク

図4-1　複数の等価オファー

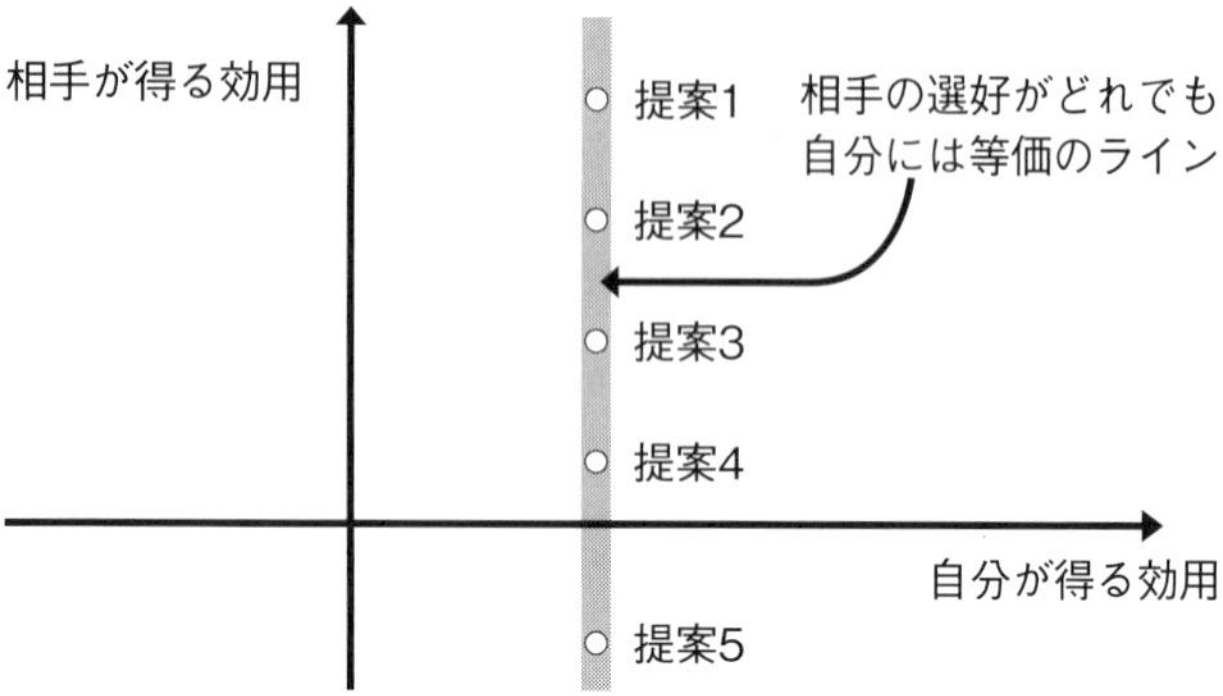

情報交換は相互のものでなければならない。沈黙の壁に向き合ったまま、ただで情報を出す人はまずいない。であれば、情報交換のプロセスを起動させるには、自分から第一歩を踏み出そうという意思がいる。それは周辺的な情報、たとえば一般に取得できるものからでもよい。互恵的な関係を作り出すためには、計算した行為も必要なのだ。

「効果的で慎重な情報管理はアーティチョークに似ている」と考えよう。この野菜の最も味の良い中心部に到達するには、外側の葉をはがしていかなければならない。情報の管理も同じで、問題の核心に近づくには、外側から一枚一枚とっていく必要がある。二人の交渉者がそれぞれのアーティチョークを持っていると考えよう。

「どちらも葉をはがさないと」合意に達しない、あるいは最適水準に届かぬ合意に終わるリスクが増す。交渉者が真の動機を開示できなければ、最も充実した解決案を発見するのが難しくなるだろう。それほど、情報が共有されることが鍵になる。

「一方しかアーティチョークの葉をはがさないと」提供する側の情報に相手がつけこむかもしれない。そうなれば、当事者の関係を損なうような不平等な結果になりかねない。一方的な情報流出が相手を私利私欲に走らせる。

情報共有の必要性と自分だけが情報を出してしまう危険性はまさにジレンマで、両刃の剣である。情報を共有する、つまり**「アーティチョークの葉をはがす共同作業」**に互いに合意することが鍵になる。中心に届くまで覆いを一枚一枚取っていくことが、双方に互恵的精神を促す。最初の一枚が関係の基礎を作り、戦略的な要素に移動するための信頼を築いていく手段になる。

必要なら、互恵原則をはっきりと前面に出すべきだ。「あなたがその情報を私に出したがらないのはわかります。私も同じです。どうでしょう、互いに情報を同時に出しませんか」。

5．どれもうまくいかなかったときにどうすべきか

「ジレンマをコントロールするのには第三者に任せるのもひとつの方法」である。交換を必要としながら、その時点で開示しにくい情報は、第三者を経由して提出するという方法である。第三者が双方から情報を受け取ったのを確認してから、交渉を再開する。当事者全員が必ず文書を提出して初めて、情報が開示される。

良質な情報交換によって進められる価値創出は、関係者全員にとってのパイを大きくすることにつながる。次に向き合うのが、このパイを切り分ける仕事であり、「ナイフをどう扱うか」という難題が問われる。

価値を分配する

パイを大きくしたことが、何かの呪文のように働いて、分配を容易にするわけではない。果実が完熟する頃には、利害対立と言い争いも最高潮になる。「ウィン・ウィン」理論は、競合の再発をあまり論じていないが、交渉の場にある価値を分配する段階にくると、多くの交渉者が典型的なハード型の交渉戦術をとり出す。この局面では競合が基本とならざるをえぬように思われるが、問題解決での協力論理を保つためのツールは必ず存在する。

よくあるハード型手法

短い注意を述べておきたい。この章は、実際に使われているハード型手法も直視している。だからといって、本書がそうした手法を推奨するわけではなく、知っておいていただくことが、現実の交渉で自分に対して使われた時に気づいて役立つ、という思いである。注意を述べるのは道徳的な意味だけでなく、現実的な意味があるからだ。人を操ろうとする手法は、使う者の人物評価を損なうリスクを高めるのだ。しかし、そんなことを構わない者は、これを容赦なく使ってくる。

以下の13の手法を、根底にある「仕掛け」、利用に伴う「リスク」、適切な「対応」という形で整理しよう。もっとも気になる「対応」には3つの要諦がある。

要諦1　**「自分が自由に使える情報をできるだけ多く持て」**　情報は競合的戦術に対する最良の防壁になる。情報があれば、多くの落とし穴を回避し、操作的手法を使う相手に対抗できる。この情報を集め、分析するには周到な準備がいる。

要諦2　**「関係を築け」**　長期的な関係を重視する交渉者ほど、こうした手法の使用頻度は低い。

要諦3　**「プロセスを交渉せよ」**　向けられている手法を間接的でもよいから、指摘することに躊躇すべきでない。それによって、相手のやろうとしていることにこちらが気づいており、引っかからぬと伝える。また、そんな手法の犠牲者になる気はなく、本題に戻ろうとしている姿勢も示せる。

手法1：非現実的なアンカリング＝最もよく使われる戦術

仕掛け：相手が非現実的な数字を言い、その都合の良い土俵で交渉させようとする。知覚を操作し、こちらが合意可能な範囲を誤解していたかのように思わせる。

リスク：受け手は他で交渉した方がましだと思って席を立つかもしれない。双方が交渉の場に残るとしても、時間は無駄に過ぎるだろう。

対応：相手に出してきた数字の正当性を言わせ、計算法や規準の説明を求めよ。相手は口ごもるか、開き直り、はったりで逃げざるをえなくなるだろう。逆に、相手の数字に対抗して、同じように極端なアンカーを打ち返してもよい。極端な価格をぶつけられたら、その数字がばかげていると伝えるために、○円未満の金額を言ってやる、という交渉人もいるくらいだ。その交渉以外に解決案がある場合は、さっさと席を立って見せてもよい。

手法2：一方的に叩いてくる

仕掛け：こちらが出したオファーに対して、相手が内容も見ずに、まったく話にならん、対応の余地がないと言い放ち、出直してこいと要求する。相手はこれを繰り返し、そのたびにこちらに新たな譲歩をさせようとする。もちろん、こちらの譲歩の見返りに相手が譲歩することはない。

リスク：このパターンに気づくまで、受ける側がどんどん弱められる。

対応：互恵原則に訴えよ。そして、こちらの提案一つひとつに対案を要求せよ。

手法3：小さな譲歩で大幅な譲歩を要求する

仕掛け：こちらの譲歩に対し、相手はずっと小さな譲歩幅でしか応じない。相手が失うものはこちらよりずっと少ない。歩み寄りといっても、こちらは大きく、相手は最小しかしない。関わる変数によって、譲歩内容の評価が難しい場合もある。

リスク：この手法に気がつかないと、受ける側は弱体化する。

対応：とられている手法をはっきり指摘し、互恵原則は譲歩の回数ではなく、双方の努力の幅に対して適用されるべきことを示せ。正当化規準を強調せよ。休憩を求め、譲歩内容の実際の価値を計算する時間をとれ。

手法4：リンケージ

仕掛け：唐突に新しい要求を持ち出し、既存の課題に結びつける。中東のある交渉では、一方の当事者が、話し合っていた問題とは関係なく、米国で収監中の囚人の釈放を要求したことがある。

リスク：この手法は立場を理不尽に思わせかねない。相手も挑発されて、関係のない要求を追加し、そのために交渉が行き詰まったり、大枠が崩れたりする。

対応：交渉の前あるいは交渉の初めに、互いに同意するアジェンダを慎重に定めよ。無関係な要求が出てきた時は、それらは議論の範囲外だと断言し、本題に戻れ。さらにひどくなるようだったら、その別件を話し合う別の交渉をセットするよう提案せよ。

手法5：嘘とはったり

仕掛け：交渉外の解決や交渉者の権限に課せられた制約を偽る。自分にはその権限がないとか、他が良い条件を出しているなどと言って、何も譲れないという態度をとる。

リスク：信頼を失い、悪評がたつのが最大の危険である（第5章で嘘とはったりのリスクを詳述する）。

対応：相手の言っていることを確認するには正しい情報に勝るものはない。もちろん、嘘に見えることをテストしておく価値はある。もし相手がXと言えば、Xに関心があることを隠さず、さらにその情報を求め、Xに関する証拠を要求してもよい。たとえば、相手が現金での支払いが契約条件だったと訴えてきたら、契約書のどこに記載されているかと確認を求める。採用面接で候補者が、他社はもっと良い条件を出していると言うなら、その文書を見せるように求める。嘘に見える言明が実際は本当だということもあるので、要求を確かめる質問は有効なのだ。いずれにせよ、相手の言明を直接、公然と非難するのは避け、内容を慎重に検証する方がよい。それでも、相手がよそに良い解決案があるとシラを切るなら、「あなたの状況はよくわかっています。でも、その代替案が何らかの理由で実現できなかった時に、私の案が良かったと後悔しないでくださいね」くらいのことは言ってやってもよい。

手法6：囮

仕掛け：ある事項が本人にとって重大だと言うのだが、それは囮で、実際は違う。後になって、それを「犠牲にする」からと言って、あなたから大きな譲歩を引き出す。

リスク：相手は本当は重要ではない項目についての議論に多大な時間をかけようとするだろう。そこには、重要に見せかけているが、実は些末な項目の話し合いを広げかねないという罠がある。些末な項目を焦点にした衝突が激しくなれば、それまでは無害だった項目まで障害になり出しかねない。

対応：囮と思える節があれば、相手になぜそれが重要なのか、詳しい説明を求めるのも有効だ。それでもこだわってくるなら、その要求が、交渉すべき他の懸案に優先するに足るものなのかを話し合う。相手に目標の優先順位を確認するよう促すのも、囮を速やかに排除する方法だ。

手法7：関係に訴える

仕掛け：重要な項目で譲歩を求めるときに、関係の重要性を強調する。たとえば「友人として、これをやってくれませんか」と。関係を維持するために、要求に応じても良いが、同じことが今後も繰り返されるリスクがある。

リスク：相手を不穏な気分にさせ、関係の価値自体に疑問を持たせるかもしれない。真のリスクは、思った譲歩が得られず、関係も損なわれることだ。この手法で懸念すべきは、問題を個人にすりかえ、相手を折衝の道具にしていることである。

対応：第1章で述べた原則に戻るだけでよい。人と問題を切り離せ、である。これで対応がスムーズになるだろう。「友人だからという理由で私に要求しているとは思われたくないですよね。私が拒んでも、あなたは悪く取らないと思っています。私たちは友人なのですから」。

手法8：温情警官と強面《こわもて》警官

仕掛け：尋問技法のひとつで、容疑者に対し、一人目の警官が怒鳴りつけ侮辱し、取調室に残して落ち着く間をおく。しばらくして二人目の警官が親切な態度で現れ、容疑者にさっきの警官にまたひどいことを言われたくないなら、捜査に協力した方が賢明だとさとす。交渉でも、チームの中で同じ筋書きを立てることがある。一人が「強面警官」として強硬な姿勢をとり、一切妥協しない。ついで、もう一人が「温情警官」として、威圧役とのコントラストで、相手に譲歩させようと交渉する。

リスク：交渉者間の完璧な役割分担が必要で、相手の目も交渉の主題ではなく、演じられている役割にいってしまいかねない。また相手が困惑して、強硬役と懐柔役のどちらと取引しているかわからなくなれば、譲歩どころではなくなる。

対応：この筋書きに対応するためには、相手の二人に、それぞれの立場と内容をもっと上手に調整するよう求めるのがよい。時間を与えて調整させてから、本来の交渉に戻る。

手法9：交渉の席を立って見せる

仕掛け：かなりの時間を交渉に費やした後に、一方の交渉者が席を立つふりをする。相手が大きく譲歩しない限り、席を立つと脅す。その後も、何か要求されるたびに、交渉はもう終わりだという態度をとる。相手を不安定にさせ、感情を揺さぶる（第6章）。

リスク：関係を損ない、相手を感情的にしかねない。一方が「私は出ていきます」と言えば、他方が「どうぞ」と言いかねない。そうなれば、合意へのプロセスに余計なハードルが加わるだけだ。

対応：自制が最良の対応。この状況に騒がず、休憩を取る機会とみなし、しかるべき反省と検討を行うべきだ。相手に対し、なお話し合いの用意はあること、相手の用意が整えば、自分も交渉に戻る気があることを伝えておくのも大切である。現実的には、その交渉外にある解決案の価値で決まる。

手法10：私の両手は縛られている（何の権限もない）

仕掛け：相手が、こちらの要求に応じたいのはやまやまだが、会社の方針や自分の権限ではそれが認められないのだ、と言ってくる。

リスク：いつも何がしかの条件の影に隠れると、交渉当事者としての信頼性を失い、無能で合意をまとめる力がないとみなされる。しかもそんな制約が登場するのは、こちらに有利な事項に関するときだけ、という奇妙な状況はいずれ露見する。

対応：相手の後ろに誰かいるのなら、上司なりプリンシパルなりに持ち帰り、可能な合意案を説明できるように議論の整理を助けてやる。それでもだめなら、相手がその権限の範囲をいかに守ったかということへの理解を明示した上で、今後の交渉は相手の上司と行うと提案してもよい。

手法11：要求上乗せ

仕掛け：相手がオファーを出し、こちらが受け入れた後に内容を修正してくる。最終的な要求を満たすまで、じわじわ追加し、毎回もう少しと要求してくる。車を買うときにありがちなアップセリングもそうで、モデルを選んでから、エアコンはどうか、パワーウィンドウはどうか、革張りシートはどうか、と求められ、金額も上がっていく。

リスク：上乗せが一巡するまでは、なかなかこの戦術には気づかぬものだ。だから、自分ばかりが譲歩しているのに気づかされると、相手にも代償として大幅な努力を要求したり、交渉の席を蹴ってくるかもしれない。

対応：他の手法への対処と同様に、早期に気づき、互恵原則を強化することが最も大切だ。相手が譲歩を求めてくるなら、双方の努力を釣り合わせるように、それに対する見返りもしっかりと確認せよ。

手法12：最終通告

仕掛け：相手が「この条件をのめ、のまぬ《テイク・イット・オア・リーヴ・イット》なら交渉は終わりだ」と言ってくる。交渉外であなたのベストの選択肢との比較を強いるのだ。この手法の一種で、発案者レミュエル・ブルウェアの名をとった「ブルワリズム」は、「最初で最後の、公正でこれしかないオファー」を突きつけるものだ。

リスク：時間を省くメリットはあるが、話し合いが未熟なまま閉じられ、行いうる交換が阻害されかねない。自分の交渉外の解決が相手のオファーより良ければ、その他の話し合いはしようがなく、相手も置き去りにすることになる。あるいは、切羽詰まり、相手の言いなりになる。

対応：対抗策は交渉外の解決案次第である。相手があなたの選択肢が弱いと気づけば、それを利用してくるだろう。あなたの交渉外でのベストな解決案の価値が、相手によるアンカリングを評価する基準だ。相手の正当化基準を探れば、相手が交渉に乗ってきそうなカウンターオファーを提示する可能性は常に存在する。経験則では、自分の交渉外でのベストな選択肢は明かさぬ方がよい。

手法13：思いがけない一押し《チェリー・イン・ザ・ケーキ》

仕掛け：交渉の最後の最後、実務的な合意がまとまりかかったときに、相手が突然小さな要求を追加してくる。たとえば、「当然のように」梱包配送費を払わされる。そうしたちょっとした支出を認めるか、交渉を初めからやり直すかの選択を迫られる。この「一押し《ちょっと》」が認められることは多い。

リスク：最悪の場合は、この一押しで我慢が限界を越え、満足できていたはずの合意を破綻させる。良くても、呑まされた方はこの一押しが苦々しく、奪われた価値を次の交渉で必ず取り返そうとしてくる。

対応：互恵の精神で、この一押しと引き換えに、自分から別の「ちょっと」を上乗せして、それを認めさせてもよい。厳しくやるなら、そうした最後の要求を交渉プロセスに組み入れるには遅すぎる、その課題はもう決着している、と説明する。あるいは、将来の検討課題とする、合意全体を見直すなどの提案もよい。初めからやり直そうかという恫喝も、相手の上乗せ要求を引っ込ませる効果があることが多い。

「こうした手法を使うなら、もたらす帰結を認識しておかねばならない」ことは強調しておきたい。たしかに分配段階で一方がこれを使えば、取り分は増えるかもしれない。だが、その有効性について

図4-2　合意可能範囲（ZOPA）

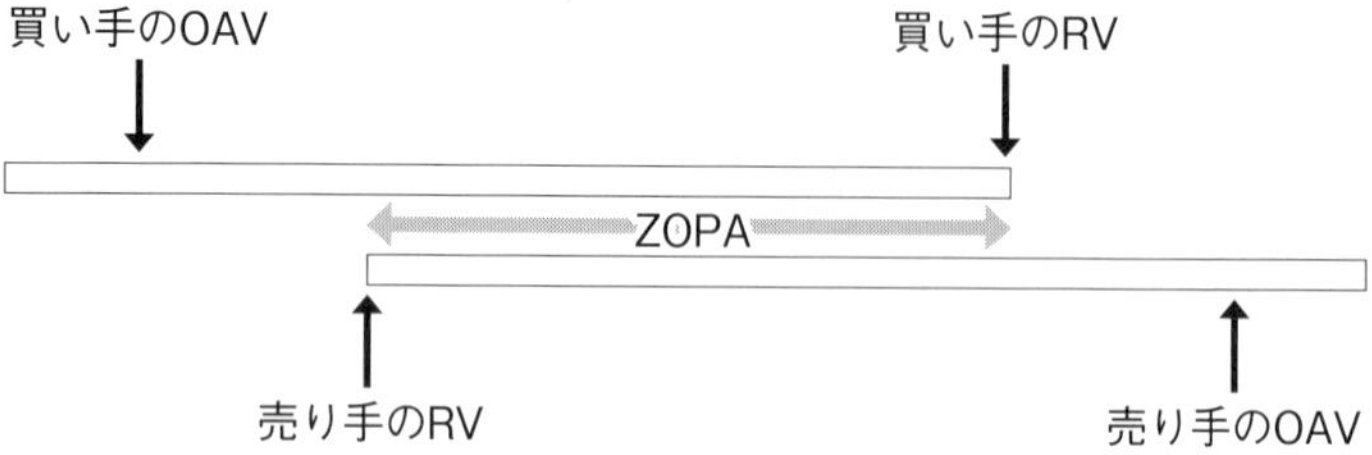

RV：リザベーション価値　　　　OAV：希望最高価値

は良く考える必要がある。第一に、こうした手法をうまく使うのは、みかけよりも難しく、未熟な交渉相手には有効だが、それ以外の人に対して効くことはあまりない。注意すべきは、こうした手法を使ううちに、いずれそのマイナスの影響が自分に降りかかってくることだ。分配局面は、次節に述べる、落ち度のないツールで管理する方がずっと良い。

価値を分配するための体系的アプローチ

分配段階で使う最も大きな梃子は、準備段階で整えた「**正当化規準**」である。交渉の定量的側面を管理する際には、各々が自分の目標価値やリザベーション価値など、鍵となる数値を理解していなければならない。

「**希望最高価値（ＯＡＶ）**」とは、交渉者が正当化できる中で最も高い価値である。通常はこの数値がアンカーになる。たとえば最初の提示条件に使う数値になる。売り手であればＯＡＶは高い数字に、買い手であれば低い数字になる。これらは自分に好都合だとしても、でっちあげたものではない。

図4-3　合意可能範囲がない場合

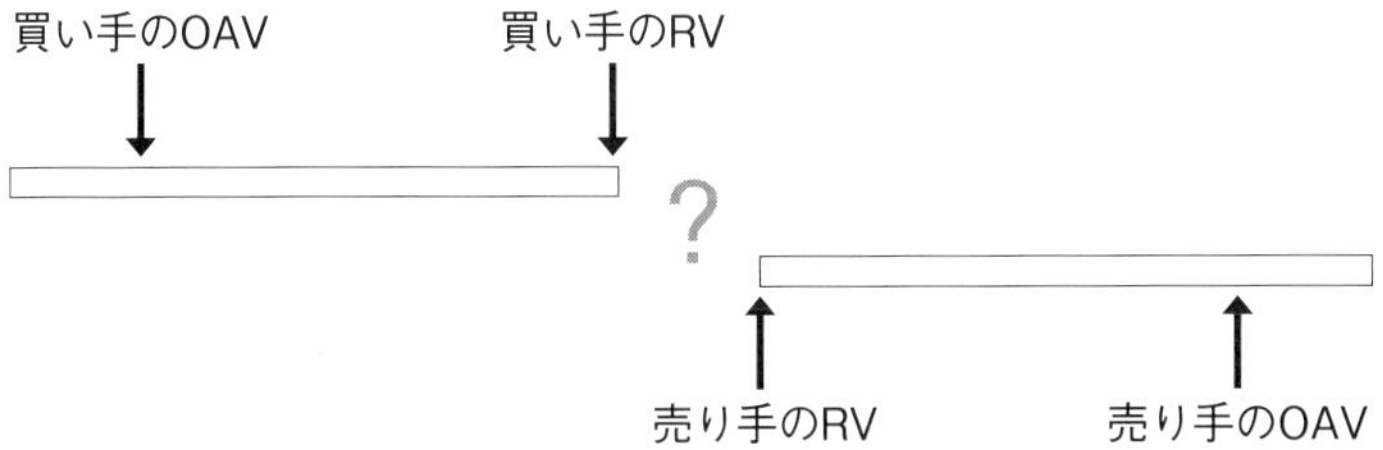

RV：リザベーション価値　　OAV：希望最高価値

「リザベーション価値（RV）」は、交渉者のボトムラインになり、売り手には下限価格、買い手には上限価格になる。一般的には、この価値は交渉が決裂した場合の最良の代替案の予測をもとに計算される。

このOAVとRVの間で、交渉者が引き合いに出すさまざまな正当化規準の組み合わせによって、次のステップのアンカーとなり、幅を決めていく数値が出てくる。

この間の数値から、交渉を通じて実現したい**「目標価値（TV）」**が決まる。OAVに対する、現実的な目標値である。

買い手が提示できる最大値（買い手のリザベーション価値　RV）が売り手の認められる最小値（売り手のリザベーション価値　RV）を上回っている場合で考えてみよう。この2つの数値の間が**ZOPA（Zone of possible agreement：**合意可能範囲）となり、この範囲内であれば双方のやりとりが進みやすい（図4-2）。

目標価値（TV）がいつも役に立つわけではない。たとえば、ZOPAに売り手のTVがあれば、可能性のひとつではあっても、買い手には受け入れがたい値かもしれない。また、買い手のTVが、ZOPAの最小値つまり売り手のRVよりも低くければ、そこに合意可能性はない。買い手がこれにしがみつき、相手のRVに向かって譲歩しなければ、合意の可能性はなくなる。ZOPAがないという状況もある。図4-3は、買い手のRVが売り手のRVより低い場合である。この場合、交渉外で得られる解決の方が良ければ、両者ともにここでは合意に至らない。

中古ピアノ(1)

ある音楽教師が自分のピアノを売ろうとしている。できれば八〇万円というのが彼女のOAVで、インターネットで調べた同じ楽器についていた最高値がその根拠である。彼女は新聞の広告欄に「八〇万円以上の最高値をつけた方に譲ります」と出した。近所の楽器店で査定してもらうと、五八万円なら買い取るとのことだった。こちらがRVになる。とにかくこの値段なら売れるわけで、交渉がまとまらなかった場合の最善の選択肢である。また、この楽器店が引き取り、売りに出すときは、店頭の同じタイプのピアノの値札から、七三万円ほどらしいということもわかっていた。彼女が自分の目標価格を決めるのに使う正当化規準である。

この頃、アマチュアのピアニストが中古のピアノを探していて、音楽教師のピアノを知った。彼の予算では六五万円以上は出せない。これが彼のRVになる。状態は劣るものの同じタイプのピアノが五二万円でインターネットに出ていて、しょうがない場合はこれを購入しようと考えている。交渉がまとまらなかった場合の彼のベストの選択肢である。また、売り手の音楽教師との交渉での理想的な値段ということで、彼のOAVになる。

ＺＯＰＡが五八万円から六五万円のこの例は、付加価値を生み出す余地はほぼないように見える。余地は狭いが、この価値をめぐる交渉は情報の非対称性によって変わりうる。たとえば

・この音楽教師が長年ほしかったのと同型のピアノを一四五万円でどうかと言われたばかりで、その話が他に流れる前に手に入れるためには、持っているピアノをできるだけ早く売らないといけない。できるだけ早く、という状況が、彼女のＲＶの五八万円近くに価格を下げさせるかもしれない。

・他方、買い手はこのピアノが音楽学校で学んだ時のものと同型なので、ぜひ欲しいと思っている。この特別な思い入れが、彼のＲＶの六五万円まで出させるかもしれない。

ＺＯＰＡや正当化規準というコンセプトに操作的効用を期待しすぎてはならない。売り手は買い手のＲＶを無視するものだし、逆もしかりだ。双方がそれぞれのＲＶを透明にしたら、ＺＯＰＡはすぐに確定する。もっとも、それだけで話がまとまるわけではない。幅のあるＺＯＰＡのどこで決めるかが残っているのだ。差額の等分は当然の解決のようだが「この折半する解決法」[31]はとても説得力のある尺度とは言えない。

中古ピアノ(2)

この例では、楽器店の提示する買取価格と販売価格を基準にして、五八万円と七三万円を正当化できる。店頭に出されているピアノの状態によって維持費などの経費を入れても良い。これらの基準を組み合わせると、価格を少し狭められる。それでもまだ、価格の決め手はなく、折半と言っても簡単ではない。たとえば、買取価格と販売価格の差を使って、73−58=15、15÷2=7.5だから六五万五〇〇〇円という計算もあるし、RVの差額の折半、五八と六五の中間で六一万五〇〇〇円、という計算もあり、ZOPAにさえ入らないがOAVの折半、八〇と五二で六六万円という計算もある。

可能な合意はいくつもあり、「フェア」な合意がひとつだけ、ということはない。しかも、価値の最終的な切り分けは、いずれか一方の利を大きくするので、ZOPAにはいくつもの「フェアな価値」が存在すると考えるべきなのだ。

ペレルマンは、(32)何がリーズナブルかより、何がアンリーズナブルかを決める方が容易なことがある、と言う。これは合意という課題とアンカリングの両方に関連している。ピアノの例では、一〇〇万円は高すぎ、二〇万円だと安すぎる。どちらの価格でも、一方が不当に扱われることになる。だが、価格がZOPAの範囲内にあっても、こうした判断は難しい。決まった幅の中で、最終価格に違いをもたらすのは、売り手と買い手が価値を要求する能力の差である。それぞれに自分の目標価格に迫りつつ、相手に不公正だと思われないようにしなければならない。

価値の分配という課題を考える際に、さらに検討すべき基本概念が**「アンカリング」**である。事実、交渉の場で最初に示された数字は、その後の話し合いの準拠点になる。「最初の数字をそのまま受け入れてはならない、ただそこから交渉が始まったというだけで、展開によって修正されていくものと認識せよ」。

大多数の人は2つの対照的な理由いずれかで、自分からアンカーを打つのを避ける。**「あまりにも楽観的」**で、相手から法外だと思われるリスクを心配するか、**「あまりにも悲観的」**で相手が抵抗せずにオファーを受け入れてしまうのを心配する。いずれも、もっとうまくできたはずだという後悔を残す。この真逆の理由で、大多数の交渉者がまず相手にアンカーを打たせようとする。自分から意気込んで求めるよりも良い条件を相手が出してくれる、つまり、自分の目標を希望最高価値に近づけられるような都合の良い条件を相手が切り出してくれるだろう、と思っているのだ。しかし、低すぎる数字のアンカーを相手に打たせるというリスクも犯しているのである。

双方ともアンカーを打とうとしなければ、それぞれが情報を欠いたまま、どんどん時間が失われていく。この時、アンカリングの作用はさらに増す。最初にアンカーを打たざるをえなくなったら、自分の楽観と悲観のバランスを取り、自分のリザベーション価値からはできるだけ離れつつも、正当化規準を根拠にしうるオファーを出さなければならない。自分のOAVでアンカーを打てば、十分に楽観できる水準を確保しつつ、準備段階で信頼を築くために用意していた正当化規準を根拠にできる。相手が先にアンカーを打ってきた場合は、自分が用意していたOAVに直ちにカウンター・アンカーを打ち返さねばならない。

後で分配するために協力せよ

ルイ一四世の金言に**「分割して統治せよ」**がある。交渉の実践にはその逆が鍵になる。「収穫を分配するために、まず価値を創出せよ」。順序が大切なのだ。協力と競合、双方のメリットの統合的解決と一方のメリットの分配的解決、互いの利と個々の利、最適な合意を求めつつ、各々が自分の最大価値を取ろうとする傾向があることも認識する。「ウィン・ウィン」の論理が緊張を少しは緩めてくれるが、一方が相手よりも多く取って終わることもある。「ギヴ・アンド・テイク」の考え方も悪くはない。一方が自分にとっては些細だが相手にとって重要なポイントで譲歩し、その交換で、自分の将来の利益を獲得する。交渉とは、時には自分が、時には相手がリードするタンゴなのだ。

第5章 話す「前に」聞く

人にどう対処するか(1)：アクティブ・コミュニケーション

交渉失敗の主因のひとつは、拙劣なコミュニケーションにある。フランス語では互い話を聞くことと同意することを同じ単語"s'entendre"で表す。当事者が互いに耳を傾けない交渉は、行き詰まる危険が高い。入念なコミュニケーションは、今後の成功の前提条件であり、効果的に「聞き」「話す」方法が必要だ。

優れたコミュニケーション技術は、交渉成功の陰の原動力である。関係を深め、最適なプロセスを見定め、隠れている課題を浮上させ、目標と動機を組み合わせ、主張を展開し、話し合いで解決策を探る。これらはすべてコミュニケーションによるものだ。第3章の10原則はどれも、コミュニケーション技術だといってもよい。

効果的なコミュニケーションとは、複数の交渉者が相手をしっかり意識して、聞き、話しながら、期待や動機を含め、互いについてよく考える力によって具体化されるプロセスである。そこでの情報交換が、誤解、意味の歪曲、認識ミスを避けるのを助け、相互理解と説得力をもたらす。

交渉では一方通行のコミュニケーションはありえない。対話の形になる以上、互いに聞く耳を持たなければ話にならないのだ。相手が発言しているときは、それに耳を傾ける。自分が発言する機会も来る。交渉の課題は、自他の対話を最適化することだ。

コミュニケーションは、聞く、話すという2つの基本技術の流れで成り立っている。第3章では、なぜ話す前に聞かなければならないかを述べたが、同じ順序にいくつかの原則を加え、交渉者が注意すべきコミュニケーションの課題を検討する。

交渉はコミュニケーション

コミュニケーションの流れ

直感的にはコミュニケーションほど単純なことはない。どんなコミュニケーションの流れも、次の5つの段階に分解できる。

1　一方の交渉者（送り手）が、相手の交渉者（受け手）に伝える事実や感情の**「情報を選択する」**。

2　この時、言語を使い、文字か口頭で**「情報を記号化する」**。時には、ボディ・ランゲージ、ジェスチャー、顔の表情、雰囲気、声の調子などの非言語的なコミュニケーションが添えられる。
3　記号化されたメッセージは受け手に**「送信」**される。直接的手段（対面での会議やテレビ会議など）と間接的手段（人的・技術的インターフェイス、電話、ファクス、郵便、Eメールなど）がある。
4　受け手の交渉者は、記号化されたメッセージを**「受信」**し、**解読**する。この受信・解読では、送り手の意図した意味とは異なる解釈になるリスクがある。
5　受け手は解釈した内容に基づき、相手に返信する情報を選択する。そして、このサイクルが続く。

これらのどの段階にも、効果的なコミュニケーションを妨げる落とし穴がある。

1　交渉者が送信すべき情報を誤る。すべてのコミュニケーションが意図的とは限らないので、無意識に情報が浮上していることもある。たとえば、情報を「意識せずに」うっかり発信してしまう場合だ。言うべきこと、言うべきではないこと、明示すべき主張や質問とそうではないもの、言うべき適切なタイミングといった重要な側面をコントロールするのが、しっかりした準備（第2章）である。
2　情報は不明瞭ないし曖昧な形でも記号化される。メッセージに込めた意図が、形態やスタイルや非言語要素などでぼやけたり、逆の意味を持ったりすることさえある。どのシグナルにも干渉がある。コミュニケーションは、メッセージが埋め込まれた様々な要素からなるクラスターなのだ。だから、気づまりに満ちた会話の中で、真実を語りながらも、内容とは合わない笑みを浮かべたため、相手が情報の信憑性に疑いを持つ、といったことも起こりうる。

3　メッセージは送信中にさらに歪曲や妨害の影響を受ける。前の例なら、気づまりの緊張から、言うべき言葉の一部を口ごもったり、別の言葉を口にしたり、曖昧なボディ・ランゲージで締めくくってしまうような状況である。

4　不正確な解釈に基づくとしても、交渉者の返答や行動には本音が含まれている。相手の発言が真実である証拠がほしいと言えば、発言が間違っているとか相手が嘘をついているといった本心をほのめかしていることもあるのだ。

交渉の根幹である以上、コミュニケーションは交渉の大敵にもなる。

◆「送り手が自分のメッセージは相手にとっても完全に明快だと思い込む」ことは実に多い。しかし、自分には明快でも、相手にとっても必ずそうだとは限らない。送り手が思う主観的な明快さの一部は、送り手が持つ情報と関連してくる。送り手は、受け手も同じ情報を持っていると思いがちだ。実際は、相手にもその交渉について、相手なりの人生や経緯や立場がある。にもかかわらず、相手も同じレベルの理解力を備え、同じ出発点に立っているという前提から始めてしまいやすい。相手の持っている言語力、語彙力、事前知識を確認してみたことがあるだろうか。また、確認できたとしても、決してコントロールできない雑音が背景に残りがちだ。たとえば、交渉相手は次の休暇に出かけるカナダの小島のことを夢想していたり、次に会うクライアントのことを考えたりしているかもしれない。相手に関する前提が間違っているときは（これが少なくないのだが）、**「誤解」**が肥大化しかねない。

◆コミュニケーション、つまり交渉において**「送り手」**が検討すべきは、**自分がどう「思うか」**ではなく、**受け手がどう「受けとるか」**である。意図より影響が問題なのだ。受信する行為が基礎であり、第一に考えるべきことだ。送り手の意図と一致してもしなくても、メッセージは、受け手の反応を刺激し、生まれる新しい知覚がこの派生現象を増幅する。ちょっと想像したくらいのことから、もっともらしい事実が誕生しうるのである。

◆受け手も同じように、自分が解釈したメッセージを**「その解釈が唯一の正しい理解だと思い込む」**ことが非常に多い。解釈によっては、積極性が攻撃的なメッセージに変わったり、消極性が悪意に仕分けされうる。

◆つまり**「受け手」**にとって重要なのは、**「受け取った」**メッセージではなく、送り手が意図した意味が自分の解釈と一致しているかを確認することである。要諦は、相手がすべてを理解しているわけではないとの前提に立ち、受け手にメッセージの意味を照合させる、送り手の確認作業にある。

送り手と受け手の間の完全に透明なコミュニケーションなどは幻想にすぎない。だが、見解をすり合わせ、より良い合意を求めるには、コミュニケーションを改善して透明度を高める必要がある。そのためには、主要な知覚のエラーつまり認知バイアスを理解しておかなければならない。

交渉における良好なコミュニケーションを妨げる10の障害物(33)

1. ステレオタイプ

ステレオタイプや「クリシェ」とは、所属するグループ（性別、年齢、国籍、学歴、職業など様々な区分）で人を判断することであり、グループへの評価がほぼそのまま人への評価にかぶさる。ステレオタイプは双方向に作用する。個人の特性を集団全体に当てはめてしまうのがそれだ。たとえば、多くの販売員が、顧客に強い先入観を持っている。顧客は略奪者で、ホンダ・シビックの価格でロールスロイスを要求し、常に競合他社以上の条件を求め、手が届く製品には満足しない。同じように、顧客側にも販売員に対する先入観がある。商品についてめったに本当のことを言わず、まるで他に良い商品はないと言わんばかりに売り込んできて、取引がまとまったかと思うと、角度を変えて付け足しの要求を重ねてくる。こうしたステレオタイプも、競合同士が共有し、同盟を組めば、あるいは顧客同士が団結すれば、自分たちの交渉上の利益を増すために利用することも可能だ。だから、この心理作用を認識して、利益のために活用すべき時と、その罠を避けるべき時、を理解しておかなければならない。

2．ハロー効果

ステレオタイプと同じような一般化の心理作用である。人は「**あるひとつの**」特性に基づいて、相手のパーソナリティの「**全体**」を判断する傾向がある。たとえば、ある人がもたらした情報が間違っているとわかり、その人をとんでもない嘘つきだと決めつける。「第一印象」がわれわれのその後の判断を支配するのもハロー効果の作用だ。だから最初の行動や態度が大事だ、と言われるのだ。ハロー効果は、人が最初に想定したことを、否定的であれ肯定的であれ、人格全体に一般化する。タレイランがある人を大使のポストに指名したときのことである。候補者は喜び勇み、自分の後援者の前でその任命予定は人生最大の幸運だと話した。それを知ったタレイランは、彼がいずれ外交の場でも同じような情報管理を露呈すると見て、ただちに指名を取り消した。

3．選択的知覚

自分の最初の判断や印象を裏づける要素しか考慮させなくするバイアスである。これが、ステレオタイプやハロー効果の持続性を高める。これらのバイアスが特に複合するのが多文化交渉である（第7章）。

交渉では、選択的知覚を助長しかねない、目立つ特徴と例外的な状況を見分けなければならないが、個人や状況には微妙なニュアンスがあるのも理解しておく必要がある。

4. 帰属現象（何かのせいにする）

必ずしもそうではないかもしれないのに、相手に特定の意図や能力があると決めつける現象である。日々の生活の中でも、より複雑な状況でも起こる。

「夫婦の諍い」　夫が妻に「またゴミを出し忘れたのか」と非難するときに、言外に別の要因がある（彼女は何も手伝おうとしない、家族のために私がどれだけ一生懸命働いているかまったくわかっていない）。妻は「とにかく時間がないのよ」と答えつつ、別の要因を隠している（私がどれだけ働いているかわかっていないんだわ、ゴミを出しに行く時間なんかないのはわかるでしょ）。彼は「君は気にならないいんだね。ゴミがあふれているじゃないか」（彼女のためにやってあげていることをまったく理解していない）と答える。彼女は「あなたはどうなの、私がしてあげていることを見ていないのね」（私のことをけなすなんて信じられないわ！）。二人の結論は同じで「だいたい、あなたは私のことなんかどうでもいいのね」と思い込んでいる。

紛争の緊張の中では、当事者が互いに要因帰属の対称性を理解できないため、こうした帰属現象は、時間とともに強化される。

帰属現象は、いろいろなレベルの交渉に影響がある。イスラエルとパレスチナの交渉の歴史にもこの例があるイスラエル側は、テロを止められるのはパレスチナ側だと見ていた。だから、パレスチナ当局が手を打たないのは、テロリズムを支援「したがっている」証左だ、とまで思い込む。他方、パレスチナ側は、イスラエル当局が占領地への入植に対する**「絶対的コントロール」**を握っていると考え、そうした入植地をさらに拡張**「したがっている」**と決めつける（多くのイスラエル当局者はそんな欲望は持っていなかった）。

相手に原因をおき、その相手の意図の帰結を予測しようとするときには、**「予言の自己充足」**という現象をもたらすことが多い。合意の実行が揺らぐときには、これが多く見られる。責任が果たされていないのを問い質すと、次のような返答になる。「相手が責任をきちんと果たすとは思えませんでした。だから、相手がこの先、裏切るときのために、こちらも準備しておかなければならなかったんです。しかも、相手だってそうしていましたから」。相手の裏切りを予測しているから、自分が先に裏切り、合意は崩れるという自分の予言を確実に実現させる。当事者間の対立が強まり、交渉が劣化するリスクにさらされると、この作用はさらに強まる。どちらが先に裏切るかは関係なく、相手の行動はそこに原因があると決めつけ、予言の自己充足にのめりこむのである。

5. 投射

予言の自己充足が、別のバイアスと重なって帰属現象の効果を強めるのが**「投射」**である。投射とは、自分の利益、感覚、価値観やパーソナリティ特性を相手に投影するものだ。人はいとも簡単に、自分の意図や責任さえも相手にかぶせる。自分の恐れ、パラノイア、裏切りを相手に投射すると、自己を正当化した気になれる。「悪いのは相手なのだから、自分は悪くない」。

6. 非難バイアスと弁護バイアス

投射は**「責める側の反応と責められる側の反応」**を助長する。対立のある状況では、われわれは自分自身を免責にすることがある。やったのは相手だ、あるいは、相手もやったはずだ、似たことをしてるじゃないか、だから悪いのは相手だ。子供の頃から人には、**「自分のせいじゃない、あいつのせいだ」**とする性質がある。複数の子を持つ親なら、毎日のようにこれを見ているはずだ。キース・オルレッド[34]は、このバイアスを、人が相手を責めて自分を許す理由を探す自然の性向でもある、という。自分については正当な理由以上に許し、同じことでも相手については責める。原因を追及し合い出すと、この傾向はさらに強まる。「自分が相手を責めれば責めるほど、自分の目には相手の罪がますます重く映り、自分自身を許す理由はますます増える」**「そして」**「自分を許せば許すほど、自分は無罪《イノセント》になり、相手を責める理由はますます増える」のである。誠実という課題は、こうした反射的に責める・責められるということも含めて考えなければならない。誠実なのは自分で、考えうる不誠実はすべて相手のせいにしがちになる。

7. 反射的格下げ《デヴァリュエイション》

反射的格下げのメカニズムは単純だ。提案の価値は、内容ではなく、誰が言っているかに左右されるのだ(35)。これが交渉にもたらす影響は大きい。相手の譲歩を見て、もっとイケる、と思ってしまう。たとえば、「こちらが求めているものを相手は出しているのか。いいや、そのフリをしているだけだ、もっと要求すべきだ」、「相手はこれで妥協させる気なのか。ひどいな、こんなちっぽけな譲歩はばかにしている」と。相手から何を言われ、何をされ、何を提案されても、とにかく格下げで反応する。これは、その中身のせいではなく、相手から出てきたから、なのだ。相手が出してきたものは何でも、たいしたことがないと受け取る。しかも、相手が言ってくるのは、相手の都合の良いことに違いない、と決めつける。相手に良いことなら、こちらにとってはまずいものに違いない。「あなたが言うことはすべて、あなたに不利になるように使われる」。

このバイアスは、双方向に、こちらが聞くときだけでなく、相手が聞くときにも作用する。つまり、自分が相手の言うことを格下げする傾向に注意すると同時に、相手もこちらの主張を見下していることも想定しておく必要があるのだ。この基本的なバイアスは、意思疎通を図ろうとするときには、いかに慎重になる必要があるかを示している。「相手に押しつけよう」とすればするほど、相手から拒否されるリスクも高まる。「自分の」提案で交渉を仕切ろうとすればするほど、どの提案もまともには受けとめられないままになりやすい。タレイランは科学的説明は知らなかったが、このバイアスを活用する術は心得ていた。一八一四年のナポレオン失脚後、彼は皇后マリー・ルイーズをパリから追い出したかったがゆえに、逆に、皇后を残すべきだと主張した。これを提案するという単純なことが、彼の敵対者に疑念をもたらし、結局、退去に転ずるのを見抜いていたのである。嘘も誠も話の手管。

8. 条件づけ

ある事象に関する判断が初期の情報によって左右される、有名なバイアスである。人を何らかの方向に向けるには、一瞬でもとにかく、事実を一方的に示すことだ。たとえば、自動車事故を起こしたクライアントからの話しか聞いていない弁護士は、事故相手の方が悪いと想定しつつ、クライアントには有利な情状を見つける傾向がある。条件づけは、株主を守る経営者にも、労働者を守る労働組合代表にも現れる。どちらも自分は相手よりもまともだ、と信じて疑わない。そうなると、条件づけられた自分の視点からしか話せず、相手の立場に立つことがきわめて難しくなる。

条件づけは、長期にわたるほど影響が強まる。欧州では、一九世紀末から二〇世紀初めの世代の子供たちは「自国が対峙しているのは」先祖代々からの敵だという信念で育てられていた。戦争は必然で、避けられず、望まれることさえあった。中東の出来事に関するテレビ番組をイスラエル人グループとパレスチナ人グループに見せた実験は、今日でも同じことがあるのを示している。見たのは同じ番組なのに、その内容をパレスチナ人は「イスラエル寄りだ」と判断し、イスラエル人は「パレスチナ寄りだ」と判断したのである。(36) 自分たちのアイデンティティに対する蓄積された知覚作用、つまり条件づけにより、人間の判断が、いかに偏るかという例である。

9. 記憶の誇張

一度見たり信じたりしたことは、何度も見たり、信じたりしがちで、そのたびに強まり、固まってくる。この現象は、犯人を見たと思っている目撃者の例で説明されることが多い。彼らは、少し時間がたってから証言の確認を求められると、以前より疑いを持たなくなっている。これは自然な反応なのだ。誰しも自分は一貫していると思いたいので、最初の見解を守ろうとする。同じように、交渉者も自分が言ってしまったことは補強したいと思う。語ったことは、そうでなくてはならないのだ。言ったことを繰り返さないと、そう思っていないことになりかねない。つまり、最初に言ったことは間違いだったと相手に思われかねないので、記憶していることを再確認しないと、自分だけでなく相手にも、発言に齟齬があるという印象を与えかねない、と思ってしまう。この心理作用のせいで、人は自分なりの事実に逃げ込み、解決をひとつの視点からしか見ようとしなくなる。立場中心主義になるのだ。

10. 自己過信

最後にこれを取り上げるのは、上述のバイアスすべてを圧倒するからだ。第1章で「疑問を抱き、問う」という解毒剤を指定したのは、自己過信が最も深刻な影響を及ぼすためだ。過剰な自信を持つ交渉者は、解決策も、なすべきことも、相手がすべきことも、自分はすべてわかっているのだ、と思い込む。自分の能力を様々な角度から過大評価し、尊大にも、自分は交渉が得意で、簡単に動かせる気になる。自己過信は逆効果でしかない3つの反射で現れる。

◆**「相手を非難する」**　非難バイアスと弁護バイアスが一気に作用する。これは相手側の失敗だ、だから相手はそれを認めなければならない。関係は傷つき、もっと大きな緊張が広がろうとも、これは押し通せ。

◆**「問題を立場でしか見ない」**　誰にとっても良い解決はひとつしかない、私が出している案だ。交渉が始まる前から、双方にとって何がベストかは**「もう」**わかっている。ごちゃごちゃ語る必要はない、**「当然」**なのだ、言うとおりにしておけ、と、相手のことなど考えない。

◆**「プロセスを撹乱する張本人」**　一番わかっているのは私なので、交渉の進め方は私が決めなければならないし、私が一番良いと思うやり方で指導する。私のリーダーシップに従うのが当然だ。

自己過信は、大切なのは自分だけという態度や言葉遣いに表れ、交渉の前進を妨げ、相手との交流も低下させる。聞いている気でも、もうすべてを理解していると思っているから頭に入ってこないし、話すのも同じように一人よがりになる。いずれにしても、丁寧にバランスよく対話しようとしない。過大な自信が、聞くのにも話すのにも、有害な性急さとして現れる。ゆっくりと相手に耳を傾け、先入観なく話せていれば、話し合いはずっとスムーズで速やかに運ぶはずだ。自分と相手に自信がないと、物事は動かないが、過大な自信にはまったく逆の作用しかない。

以上のバイアスを低減させるのが、アクティブ・リスニングとアクティブ・スピーキングによる良質の対話である。この技術には常にオープンな行動と、バイアスを確認（再確認）したうえでの了解がいる。もちろん、これは一方的に成立するものではなく、相手の交渉者にも、耳を傾け、話すという積極的な態度が必要である。

アクティブ・リスニング

アクティブ・リスニングには、情報を得る、事実の理解を確認する、仮説と解決策を確認する、相手の温度を測る、などいくつもの狙いがある。しかし、何よりも大切なのは、聞くこと自体が相手との関係を築く手段になる点だ。認識しておくべきは、われわれがいかに聞き下手か、ということだ。聞き方にはいろいろある。

避けるべき5つの聞き方

まず、よく見られる、非生産的な間違った聞き方を見よう。

1　**阻害的リスニング**　腕を組み、硬い表情で、異常なまでに凝視し、一言も発しない。本人の意思はどうであれ、こんな聞き方は、相手が何を言おうが関心がないとの印象を与える。鈍感なのか、わざとなのか、見せかけなのか、本心なのか。本意を隠そうとする抵抗であっても、傲慢で話し手を無視しているように見えるので、話し手は自分の問題に相手は関心がないと思い、口を閉ざしかねない。以後の対話は乱れていく。

2　**散漫なリスニング**　座っている椅子をガタつかせ、ペンや携帯電話をもてあそび、あらぬ方を向く。こんな聞き方も、話し手の言うことに関心がなく、他の事柄に意識が向いているように見える。話し手はいずれいらいらし、少なくとも無意識に感情を害し、相手がこちらの考えに関心がなく、何を言っても馬耳東風なら、これ以上話を続けても無駄だ、と思うだろう。わざわざ相手のことを考える必要もあるまい。対話は劣化し続ける。

3　**反発的リスニング**　反発的な聞き手は、相手が何か言うとすぐに割り込み、自分の些末なことを話し出し、会話を自分の方に引き寄せたり、明後日《あさって》の方に向けたりして、相手の話を最後まで聞こうとしない。会話は常にぶつ切りにされ、ボールの行き来を数えるだけのゲームになる。この不満や苛立ちは交渉を大きく損ねる。カリエールは、割り込みには文化的傾向があると一八世紀に指摘している。「相手が終わるのを待たず、即座に自分の考えを言おうと、ひっきりなしに割り込み合い、誰もが同時に口を開く。これがフランス人の会話では普通だ」(37)。

4　**指図的リスニング**　反対意見を言うためではなく、自分が必要だと思っている情報を得るためや、質問して会話を誘導するために、聞き手が話し手をさえぎる。話し手が自分の考えの脈絡に戻すと、また聞き手がさえぎって別の質問をするので、再び方向が切り替えられてしまう。こうした会話はまるで法廷で検察側の行う反対尋問型になる。こんなかたちで「聞く」人は、自分の求める特定の情報は得るかもしれないが、相手が自発的に出そうとしている他の情報を拒むことにもなる。話し手は嫌がらせを受けている気分になり、関係は危機にさらされる。

5　**優等生的リスニング**　一般的に良い聞き方とされている行動と同じである。交渉者は自分がオープンだといろいろなかたちで表し、微笑み、頻繁なアイコンタクトなど、自然な所作で相手を楽にさせ、「ええ」「そうですね」「わかります」と合いの手を入れ、関心を向けているのも伝える。うなずいて同意して見せたり、時には相手に考えをもっと述べてくれと促したりする。しかし、こうした常識的な聞き方をしていれば、前述のような認知バイアスや落とし穴に陥らないというわけではない。誤解を予防するためには、まだ先がある。聞いているのを示すサインだけでは不十分なのだ。こうした態度とともに、相手の言うことを自分が正しく理解していることを具体的に示さなければならない。

ただ優等生的に聞くのとは異なる、交渉者の重要なツールがアクティブ・リスニング(38)である。

アクティブ・リスニングの10原則(39)

1　何よりも、自然な姿勢で**「関心があるというあらゆるサインを出して」**相手を促す気持ちで**「聞く」**。妨げになることは一切せず、目線を合わせ、微笑み、うなずきながら。

2　相手が話すどのトピックに対しても、慎重に**「自分の内なる声を抑える」**。聞くことは新しい情報を獲得する特権を与えてくれるのだから、自分の心の中の雑音をしっかりと抑える。心の中の雑音も、語られている内容を解釈したり、後の対応を準備したりしているのだが、そのせいで上手に聞く能力が阻害されるのである。

3　何が**「話されているか」**だけでなく、何が示唆されているかにも注意する。**「言外の意味」**、たとえば声の調子は、隠れた感情や熱意を告げる大切なシグナルである。

4　聞きながら**「少しメモをとる」**のもよい。後で使えるし、相手や相手の考えへの尊重も表せる。もちろん、メモをとることが守秘義務に反しているととられないように。必要なら、メモをとってもよいか、相手と事前に確認しておく。

5　相手が話し終えたときや区切りがついたときは、**「相手の発言を再度確認せよ」**。相手が述べたことを、発言内容だけでなく非言語的なヒントも理解しているのを自分の言葉で示し、すり合わせる。

6　相手の言葉を誤解していることもあるので、誤解は**「その場で」**解消すべく、確認しなおして、**「こちらに間違いがあれば、相手に訂正を求めよ」**。

7　聞くという第一段階で抜け落ちていることに**「注意し」**、こぼれていた要素を組み込む。万事順調なら、この時点での理解事項が整う。

8　相手が考えを言い尽くし、詳しい説明もできるように**「確認する質問をせよ」**。この時に役立つのが次の質問である。

◆「クローズド型」よりも「オープンエンド型」が好ましい。オープン型の質問（「なぜ、納期を強く要求されるのですか」「それが重要なのはどのような理由があるのですか」）は、相手の返答が細かくなり、多くの情報を伝えてくる可能性も高まる。逆に、クローズド型の質問（「納期が2か月になるのは長すぎますか」「これを優先させると価格が上がりますがよろしいですね」）への返事は、二者択一（イエスかノー）になり、情報はほとんど出てこず、しかも「ノー」になりがちだ。クローズド型の質問は、期限付きで確認が必要な時や交渉締結の段階で使うとよい。

◆「誠実な質問」が好ましい。質問は、自分にも返ってくる。「技巧的」な質問は埋め込んだ先入観を「仕掛け」にして、過去の事実やその解釈を追認させようとする。たとえば、ある経営者に「従業員の要求を真剣に考え始めたのはいつですか」と聞けば、その経営者が従業員の苦情を真剣にとりあげない時期があったという前提に立っていることになる。

◆「誘導的」質問は、質問にみせかけ、その後の相手の回答を狭めて特定の方向に引きつけようとする。これには指図的リスニングと同じ性質がある。たとえば「互恵原則を尊重することが大切ですよね」と聞けば、相手は「イエス」としか考えにくいはずだ。この種の技巧的な質問は、聞いたり共感を表したりするためではなく、相手を引き寄せようとするためのものだ。自分からは言いたくないことを、質問のかたちで、相手に言わせようとするのだ。

9　こうしたさまざまなやりとりから、相手の見解をこちらがどう理解しているかを、相手に「確認」させる。つまり、相手が「そう、私が言ったのはそういう意味だ」と言うまで、再確認するのである。

10　他に付け加える要素がないかを相手に聞いて、**「聞く段階を締めくくる」**。もし追加がなければ、考えを聞かせてくれたことへの感謝を伝える。そして、今度はこちらが重要だと思っていることを話す番である。これまで相手に耳を傾けてきたのだから、同じ関心度でこちらの話を聞いてくれる確率が高い。

アクティブ・リスニングがもたらす好循環を、ハーバード大学交渉研究所長ロバート・ムヌーキン教授は**「ルーピング」**と呼ぶ。相手に密着し、こちらが相手の見解を**「正しく理解している」**ことを相手が認めるまで、相手の話をループ状に検討するのである。

最後に**「理解することと受けいれることは違う」**と注意しておきたい。わかるのと、賛成するのは別なのだ。慎重な聞き手は、共感と同意を区別している。彼らは「ＯＫ」とか「そうですね」あるいは「あなたの言っているとおりだと思います」などの表現は使わない。同意したとみなされうるからだ。使うのは中立的な言い方で**「おっしゃっていることを私が理解しているならば」**、**「あなたの観点からは」**など、理解していることだけを示す表現である。

アクティブ・リスニングも試さないと習得できない。努力と練習が必要なのだ。初めは実践するのが難しく思えても、徐々に言い換えが流暢になり、ニュアンスや皮肉もつかまえ、言葉とトーンが合っていないときも感じとれるようになる。試行を重ねることで、アクティブ・リスニングは交渉者の熟達の柱のひとつになる。

アクティブ・リスニングを「アリバイ」にしてはならない。ごまかしや単純なトリックはすぐにばれる。どんな技法にも**「誠実さ」**が不可欠。正しく使われるときのみ、この技術は交渉の軸になり、情報共有を促し、誤解を減らし、共同での問題解決に向けた本物の動きにつながる。

アクティブ・リスニングのどの用法も、ひとつの基本**「聞くという行為」**に基づいている。これから述べる**「話す」**ことも同じように**「行為」**である。ただ受け身で聞くのではなく、素養と知識を持って聞く、という慎重な選択をしているのだ。こうした聞き方が**「アクティブ《能動的》」**なのは、正しい目的を持って会話に取り組む力になるからだ。反応や指示ではなく、理解していることを確認し、それを話し手に返していく。この聞き方は、相手が提示してくることをすべて吸収するために、自分の考え方、見解、主張をいったん脇に置くことでもある。だから、相手を説得したいという欲求とは区別しておかなければならない。この行動が相手を説得することにつながるとしても、それは極めて間接的で、優れた聞き方をしていると相手が思ってくれた、という場合の影響だ。交渉では、聞くことが話すことの**「前に」**くるべきだ。アクティブ・スピーキングもリスニングと同様に、相手との関係維持を焦点としている。

アクティブ・スピーキング

交渉では言葉が大切だ。虚空に向けた演説を交渉とはいわない。目的は、話すこと自体ではなく、相手を自他の利益になる行為に取り組ませることにある。話す**「行為は自分」**にあるが、**「目的は相手」**にある。聞く側に合わせる、とは古典的修辞論の第一原則である。リスニングが自他をつなげるのは、相手が聞いてもらっていると感じるからだ。話すことが説得力を持つのも、そのつながりが根本にあるためなのだ。交渉では自己中心的な必要性を満たすためだけに話してはいけない。話し手の語りは、相手との**「関係」**においてなされねばならず、この焦点が逸れてはならない。

アクティブ・リスニングと同じような好循環が生まれるのは**「自分の話が生きている時」**である。この時に重要なのが共感である。共感があればこそ、相手はこちらの言うことを理解し、提案を考えようとする。この微妙な局面では、相手からの共感が強まることも大切だ。その意味でも、こちらが耳を傾けて得られた共感を維持することが不可欠になるが、これには、相手が共鳴する言葉を用いることが重要だ。これは話し言葉でも書き言葉でも違いはなく、顔を合わせての交渉でも書面を交換しての意思伝達でも同じで、相手と同じ波長を維持することが鍵になる。

アリストテレスの弁論術の3つの手段、論理、感情《パッション》、スタイルは、聞き手と適切な対話を形成するのに応用できる。相手を**「納得させる」**しっかりした論理を組み立て、相手を**「説得する」**好意的感情を呼び起こし、相手が**「気に入る」**適切なスタイルを選ぶのは交渉者の仕事だ。アリストテレスは『弁論術《レトリック》』で、この3つの要素が聞き手に伝わるよう、手段の適切な用法をまとめている。それによって相手はこちらの理由づけを理解し、こちらが働きかけ、共有した親しさに心が動き、こちらの優れた話し方に心を奪われるのである。

いろいろな話し方がある中で、アクティブ・スピーキングを強調するのは、話し方によって効果に違いがあるからだ。自分の話すチャンスがあっという間に過ぎてしまうことは非常に多い。その瞬間のための最適な手段がアクティブ・スピーチである。これを検討する前に、他の話し方を見ておこう。

避けるべき5つの話し方

1　**「言葉足らず」**　言葉数が少ないと謙虚に見えることもあるが、少なすぎると相手も口を閉ざしがちになる。相手がほとんどしゃべらなければ、対応も同じようになることが多い。返事がなくなると、受身の姿勢というより、無関心の表れだと思われる。内気さも、相手には無関心に映るか、悪意とも解釈されかねない。対話の流動的なバランスを知り、会話が途切れないように話さなければならない。

2　**「自分向けのスピーチ」**　誰に話しているかを忘れている人がたまにいる。自分に向かって話しているのだ。フランスには「あいつは自分の声音を聞くのが好きなのだ」という表現があるが、そうなってはならない。話し手は聞き手の存在を忘れてはならない。

アルーシャ合意

ブルンジの戦争を終わらせるため、二〇〇〇年にタンザニアのアルーシャで二〇人前後の代表団による会議が開かれた。どの演説者も他の代表団の存在を無視し、自分の団体の立場を守る発言に終始した。会議は聞く耳を持たない者同士の集まりになり、誰もが自分の後援団体に向かって話すため、互いに耳を傾ける者はいなくなった。ある交渉者などは、指示に従って自分の立場を正確に話していることを証拠として記録するためだけに録音機を持ち込んでいた。

3 「専門用語のスピーチ」

良くも悪くも、どの職業にもそれぞれに固有の専門用語、言い回し、理屈がある。それを忘れて、仲間内の特殊用語を他人に使うことがある。弁護士は自分たちの話法で、医師は医学界の、技術者はエンジニアリングの、というように。その結果、門外漢にはわからない独特の世界が作り出され、仕切りができ、閉ざされる。しかし、交渉ではそうした世界がいくつか交錯する。相手が別の「世界」から来ていることを考えずに、自分なりの言葉遣いをしだすと問題が出てくる。一七世紀後半の詩人で批評家のボアローの『詩法』(40)に有名な一節がある。「よく考え抜かれ、明瞭に語られた。届いたのは語られた言葉である」。明快さとは、聞き手との関係にのみ存在する相対的な観念なのだ。交渉も互いを理解する人の間でしか成功せず、そこには当然、共通言語が存在している。だから、洞察力のある交渉者は、自分の目の前の聞き手との関係を考え、技術的な要素も含めて話し方を修正する方法を知っている。これを一種の簡略化と見てもよいが、そこには価値判断もあるから、特殊用語を取り払った対話として考えよう。相手が理解「できない」のは、こちらの話す内容がよく練られ、複雑で洗練されているためで、この高みに到達できるのは少数のエリートだけだ、と言うのは安易すぎる。相手がこちらを理解できなければ、反省すべきは自分自身なのだ。ボールはこちら側にあるのだから。

4　「傲慢なスピーチ」

技術的な話し方に傲慢さが入ってくると最悪で、相手に信頼されたければ、犯してはならない過ちである。わかったと思っている者は（その気になっているだけが多いのだが）、発言に蔑視を混ぜ込む。自信過剰な交渉者は、問題認識が正しいかどうか以前に、ほぼ間違いなく、話し方を心得違いしている。説得するための発言は正しいだけでは不十分だし、誰かを説得しようとする行為自体が、相手から拒否されることも多いのだ。「正しさ」しか考えない交渉者は、前にいる聞き手を見誤る。さらにまずいのは、このミスが拡大し続けることだ。われわれはしかるべき謙虚さを持ち、優越感に染まらないようにしなければならない。優れた交渉者の真骨頂は、過去に犯したミスを認識し、今後も犯しうることを認識しているところにある。そして、知らないということを活用した表現も習得している（「私は専門家ではないので」「ごらんのように、問題を十分に検討するだけの時間がありませんでしたので」「あなたの方がずっとお詳しいので」）。こうした表現は、相手にガードを下げさせ、自信を与える。この手法の現代版が、有名なテレビ・シリーズ『コロンボ警部』に出てくる。コロンボ警部がちょっと抜けているように見えるため、どの犯人もこの警部をごまかせると思うのだが、いずれも致命的な瞬間を迎える。容疑者はほっとした瞬間に、防御を下げてしまうのだ。シャーロック・ホームズのような（すべてに「初歩的なことだよ、ワトソン君」という）不躾な刑事が相手なら、頑なな姿勢は変わらないはずだ。

5 **「攻撃的スピーチ」** 交渉の最中に、相手を攻撃するようなそぶりを見せてはならない。脅されていると思えば、誰でも交渉の意欲を失うものだ。それどころか、脅しを感じた側も仕返しで同じ対応をとり、コミュニケーション・プロセスが損なわれる可能性が高い。あらゆるタイプの強制や恫喝のインパクトは、たまたまハンマーの側にいたとしても、打たれて痛い釘の側から考えるべきなのだ。相手から同意を得るには、相手がこちらの言い分を聞いてやっても良い、と思えるような表現を見つける必要がある。圧力を感じさせてはならず、安全意識を育てるべきで、どんな形でも相手を攻撃しないことが大切だ。カリエールは、柔らかな言葉遣いや「遠まわしの表現」の方が、ずっと聞き手を説得しやすい、という。古い文句だが「一晩寝て考えろ」というのは、今も生きる知恵だ。たとえば、激昂してEメールを書いたら、自分の言葉が自分だけでなく、受け取る側にどんなインパクトを与えるかを送信の前によく考えるべきなのである。

避けるべき5つの話し方を見たところで、アクティブ・スピーキングの基礎となる原則を考えよう。

アクティブ・スピーキングの10原則

1 アクティブ・スピーチは不特定の聴衆ではなく **「特定の聞き手」** に向けられる。共感をともなうので、アクティブ・リスニングとは不可分である。聞き手への働きかけは、相手の視点に立ち、**「相手にはどう聞こえるのか」**、**「相手の関心はどうしたら掴めるのか」**という問いから始まる。

イスラエル国会に登壇したエジプト大統領

一九七三年一〇月の第四次中東戦争の後、アラブ側からのどの発言も、イスラエル国民からは不審の目で見られ、対話は成立しなかった。変化は一九七七年五月一八日、エジプトのサダト大統領が誰も想像しなかった行動を見せたときに起った。彼は「敵」地の心臓部である国会《クネセット》に出向いた。このエルサレム訪問をミシェル・ロカールは「大きなタブーを破った」と表現した。(41) その電撃的なリスクを取ったことで（一九八一年に暗殺されたが）サダトはイスラエル国民から耳を傾けられ、信用される存在になった。

個人も集団も期待と動機は多様なので、誰にでも同じ話し方をすることはできない。各々の状況に応じた話し方《レトリック》が必要なのだ。交渉では、この調整は自分の中で行う。相手をよく知り、相手の見方を理解することから、相手に対して話せるようになる。だが、多種多様な人と集団がいる公の場でこれを行うのはさらに難しい。あるグループを満足させると、他のグループを不満にさせるリスクになるからである。そうした状況でも、われわれはグループ全体に対話を生み出していかなければならない。

2　アクティブ・スピーチは**「聞き手に合わせる」**。聞く気にさせる状況を作り出すだけでなく、聞き手を失わぬよう、話し合いの間も諸条件を維持しなければならない。これは簡単ではない。共感を得ることばかり考えていれば、「言うべきことを言って、確実に理解してもらうにはどうすればよいのか」という戸惑いも出てくる。反射的格下げの項で説明したように、一語一句が批判される可能性があるので、正確さを期すと共に、聞き手を敵ではなくパートナーにする要素に常に注意しなければならない。

3　アクティブ・スピーチは**「簡潔」**に。聞き手の眠気を誘わず、こちらの話の要点を把握させるように、言葉を効率的に使うという原則である。「対象を必要以上に多くするべきではない」というオッカムの剃刀である。一般的な表現なら「単純明快に」となろう。簡潔であれば、互いに会話に入る機会をいくつも提供できるので、話し手は狙いを修正し、流れを調整できる。ただし言葉が不十分だと、メッセージの真意が伝わらなくなり、それが続けば、聞き手は関心を失う。

4　アクティブ・スピーチは**「正確で明瞭」**に。正確さと明瞭さは、単純化しすぎず、適切な説明を伝え、誤った解釈を避けるために必要であり、効率的で迅速な交渉の強い味方になる。ところが、不必要で危険でさえある細部にこだわり、辛酸をなめている交渉者が多い。自分が半分も理解していない変数を持ち込んで、入り組んだ戦略を組み立て、時間を浪費する。そんな戦略を使っても、投資収益は低く、マイナスにさえなりかねない。アクセルロッド(42)は、これを「聡明ぶるな」の一言で言い切る。さもないと勝ち試合を落とすことになりかねないのだ。ある英国大使は、いつも「曖昧にしたいのでなければ、曖昧になってはいけない」と助言していた。曖昧になっているときに、曖昧であることに気づかず、気づこうともしていない人が多いのだ。だが、この問題は小さくない。曖昧さは様々な解釈を生み、当然だが、誰でも自分の後援者にとって都合の良い要素に目が行く。この現象は、構造的アンビバレンスと呼ばれ、交渉の行き詰まりにもつながる。

242号決議

一九六七年一一月二二日、安全保障理事会の242号決議は、イスラエルの占領地は当該地域各国の相互承認により返還されることを表明したが、決議文の文言の曖昧さから、各当事国が自国の解釈を主張したため、実施に至らなかった。

5　アクティブ・スピーチは**「統合型」**に。立場型をとる交渉者は**「イエス、しかし」**で返答を始めるだろう。相手がテーブルに積み木を置き出したら、自分もすぐに、より適切だと思う自分の積み木に置き換えるのだ。これに対して、多様な見解が話し合いのメリットになることを認識しているアクティブ・スピーチは、相手が述べたことを基盤に、アイディアをリンクさせ、前進したところを活用する。**「イエス、そして」**で始めて、対話に積み木を追加していく。こうなると、反論は述べにくくなる。「明日には納入せよというのですね。しかし、それは無理です。まったく現実的でありません。この予算では絶対に不可能です」という典型的な言い方があるとしよう。統合的アプローチなら、別の言い方を試せる。「おっしゃることを正しく理解しているとしたら、明日から納入を開始したい、ということですね。その場合は予算を改めて検討する必要が出てきます。私の認識では、御社はしかるべき範囲内に抑える意向でお考えだと思っているのですが」。「**イエス、しかし**」というパターンでは、反対意見を導くだけだ。ここで、統合的な「**イエス、そして**」があれば、オープン型質問や提案を続けられる。目的は、懸念を示しつつ、対話に新しい段階を確保するよう、双方に役立つ解決案を探すよう相手を動かすことなのだ。

6　アクティブ・スピーチはより「**提案的**」に。強要するより納得させる方がよく、押しつけるより提案する方がよい。相手の目から見て、強制されているという感覚を減らせるのなら、何であれ好ましい。簡潔で、正確で、明瞭という制約があっても、立場に固執するのではなく、可能性のある解決を提案するべきだ。相手が自ら「互いの」解決を発見したら、相手がそれを拒否したり、反射的格下げをするリスクも減らせる。次の2つの言い方を比べてほしい(43)。「私を昇進させないのなら、会社を辞める」という言い方と「もし昇進を提示してくれるのなら、会社に残ることを約束する」という言い方ではどう違うか。後者を勧めたい。この表現の裏に暗黙の脅しがあるのも見えるが、表のメッセージには会社に残りたいという気持ちが出ている。退職するか残るかの結果にかかわらず、昇進を提示するかどうかの選択は相手にある。

7　アクティブ・スピーチは「プラスの枠づけ《ポジティブ・フレーミング》」を求める。同じ現実を表すのにも、プラスの枠づけとマイナスの枠づけの2つのアプローチがある。内容の枠づけは選択できるのだ。だれでも知っているように、額縁は絵画の見え方を変えられる。枠づけの影響については多くの実験が行われており[44]、好ましくポジティブなことに対しては、そうではないことと比較して、ほぼ安定した選好があることが証明されている。つまり、グラスに半分しかないのを相手に飲まれるより、まだ半分残っているのを飲まれる方がよいのだ。同じように、内容が同じでも、「統合」計画は「リストラ」計画よりも良いと見られる。

ガソリンスタンドの実験

あるガソリンスタンドで、客がクレジットカードを使うときは、一〇%の割り増しを払わなければならない、とした（一リットル一〇〇円、プラス一〇%）。この場合は、客はクレジットカードを使わない傾向になった。「損失を回避する」という理論通りの傾向である。他方、現金で払えばリベートがある（一リットル一一〇円で一〇円の払い戻し）という場合は、客がクレジットカードを使い続けた。つまり、「損失が出る表現よりも、利益を利用しない表現」の方が選択されたのだ。

博士論文を仕上げる

次の2つの表現を比較しよう。「やっと博士論文を仕上げた」と「もう少しで仕上がる」。客観的に見れば、仕上げた人の方がより良いのだが、前者にはネガティブな含意のある「やっと」がつき、後者にはポジティブな含意のある「もう少しで」がついている。前者は本来もっと早く終わっているべきことを最近完了したように思わせ、後者は期限に間に合うように思わせる。状況を描写したり、情報を提示したりするときには、ポジティブな表現を選ぶことが大切なのである。

8 アクティブ・スピーチは難題を克服すべき対象ではなく、活用すべき「機会」と見る。

候補者の写真(45)

一九一二年のアメリカ大統領選挙運動の期間、候補者のセオドア・ルーズベルトの写真を使ったパンフレットが、撮影者の名前を入れぬまま、三〇〇万部印刷されてしまった。この大失敗を解決するために何がなしえたのか。写真家に名前の記載漏れを補償するためにいくらほしいかを聞くこともひとつだが、拒否された場合のリスクが大きい。拒否された場合、パンフレットをすべて廃棄して、請求書の三〇〇万ドルを支払わなければならない。とられたのはまったく違うアプローチだった。選挙陣営のトップは、パンフレットのおかげでこの写真スタジオは大きな宣伝効果を得るだろうから、その見返りにこの選挙運動にどれくらい寄付してくれるか、と聞いたのである。このスタジオは喜んで二五〇ドルを寄付した。鍵は、ミスを双方にとっての機会に変換したことである。

9　アクティブ・スピーチは、過去にこだわる（関わったコンフリクトや過ちに罪を着せる）のではなく、**「未来志向」**（交渉可能な解決を探し、合意に向かって前進する）である。非難を際立たせる反射行動とは距離をとらねばならない。特にコンフリクトのある状況では、これは簡単ではない。ミラン・クンデフは『笑いと忘却の書』[46]で次のように述べている。

「われわれは、未来を構築したいと宣言した。だがそれは真実ではない。未来とは互いに無関心で、相手を気にしないただの空間だが、過去とは人生が詰まり、その外観は、壊し、塗り直したくなるほど、われわれを苛立たせ、不快にさせ、傷つける。」

われわれは過去をあれこれ考え、法廷での手続きのごとく（自分の）無罪と（相手の）有罪を決めたくなる。アリストテレスは、過去への弁論と並行して、政治的な会議の文脈を例に、未来への弁論の存在も指摘している。交渉で中心におくべきは、「熟慮」に裏打ちされた未来への弁論である。これは、過去に起こったことやその解釈についての合意ではなく、われわれの未来を誰にも受け入れられる形で明確にする要素を創り出していくことなのだ。

10 アクティブ・スピーチは、欺瞞や事実無根の主張を支える**「はったりや嘘を忌避する」**。はったりや嘘は、交渉者に4つの問題をもたらす。第一は倫理的な意味で、そうした行為が、良識ある人にとっては迷惑でしかないこと。第二は、事実をねじまげても、いずれ露見し、悪しき評価を与えられるリスクがあること。第三は決して忘れてはならない点で、信じるふりをされ、ちょっとの間だけ相手をしておけばよいという扱いをされるようになること。嘘は相手の嘘も生み、中身も大きさも雪だるま式にふくらむ。第四は、状況を真剣に考慮しようとしなかった怠惰や失策から、この戦術がとられることが多いこと。優れた交渉者なら、ほとんどの場合、創意工夫の気概を持ち、準備に時間をかけ、自分の目的を満たす正当な手段を見出すだろう。

アクティブ・スピーキングにはアクティブ・リスニングと密接不可分な性質があり、どちらも共感に根ざしている。優れた交渉者は、慎重にリスニングとスピーキングを組み合わせているのだ。

会話を生み出し、維持する方法

会話という布は、アクティブ・リスニングとアクティブ・スピーキングが織りなす。この２つの技術を緊張度の高い状況で使うには、相手の視点を理解する共感力に注目しなければならない。

共感の重要性

共感力とは、相手の視点に立ち、（受け入れることとは別だと示しつつ）相手の見解を理解する能力のことだ。共感するのは、対立の激しい状況では難しくなるが、そうした中でこそ、より必要になる。自分が相手の視点に立つ練習のために、次の短いシナリオを読んでいただきたい。

組合リーダーが同僚と話している様子を想定する

あなたが働いている組織はいくつかの問題を抱えている。労働条件や雇用への不安など、従業員の懸念を同僚に説明し、また組合の代表としての責任が両肩に重くのしかかり、プレッシャーを感じていることを語る。従業員と経営者の間に立つ難しさだけでなく、組合の幹部には、あなたの方針を共有しようとしない者もいる。交渉のこれまでとこれからを考えると、この状況では何も実現せず、何の成果も得られないと思う。交渉が終われば、組合員の前で胸を張りたいが、この状況では、きちんと交渉したのか、使命を全うしていないのではないかと疑われかねない。組合の代表になってからは、従業員の動機や課題や成長について以前より理解するようになっている。

では、この組合代表者の役割としての視点を失わずに、今度は自分を経営者の視点において、この組合代表に話すことを想像してほしい。

本心では、相手が理不尽ではないことがわかっていて、自分も相手の立場にいれば、同じように考えるだろう。相手に数字を叩きつけたり、攻撃的で高圧的な態度をとったりせずに、話すことができる。上からの目線ではなく、相手が難しい状況に置かれていることを理解し、相手の仕事上の懸念を理解していることも説明できるだろう。相手の利害が従業員の権利を守ることにあり、自分の使命も同じである。経営者にとって優先順位が高いのは、人材を確保し動機づけることだ。会社はなんといっても人で成り立っているのだ。だから、話し合う時間が必要だということ、それに話し合いの結果を従業員に受け入れられるものにする必要があるのを理解していると伝えられる。相手側の状況を理解していることを示してもよいし、予備的に合意可能範囲を示唆してもよい。もちろん、あなたも株主を無視できないし、職責の制約がある。最も重要なのは、そうした制約を守りながら、合意を成立させねばならない、ということだ。これが容易ではないことはわかっているし、組合代表もそれを知っている。これを実現するためには、道はひとつしかない。対話である。対話から生まれる解決案が最終的な合意の形になるまで、胸襟を開いておく。署名するのは、それぞれの制約を尊重する合意案だけだということもわかっている。では、仕事にとりかかろう。

この例から、交渉者が携えるべきひとつの考え方を抽出しておこう。共感力を鍛えるには、「相手」が世界と自身の利害をどう見ているかを思い描くことだ。経営者であれば組合の代表者が、顧客であれば営業担当者が、どう見ているのか、またそれぞれの逆を、というように。大切なのは、経営者であれ組合代表者であれ、自分が相手を理解し尊重していることを示し、誠意をわかってもらわなければならないということだ。相手がいなければ合意はないのだから、解決に向けた相手の貢献と努力を認めることが大切になる。もちろん、いくら重要だとはいえ、相手の視点に立って考えるのは、例に描いたほど簡単ではない。だが交渉者が、相手が受け入れうるかたちで、自分の関係者にとって重要なことをまとめ、相手が共有する問題を解決するパートナーとなるように、誠意を具体化するのは、相手の視点に立つ努力が基本になる。

第6章 問題解決の「前に」感情を受けとめる

人にどう対処するか(2)

交渉で何事もスムーズに進むなら、この章は蛇足かもしれない。だが、交渉には逆流も決裂もあり、緊張の昂じた人たちと対峙する居心地の悪い時間もある。だから、交渉者は最悪の事態を含め、あらゆることを想定し、御しがたい展開に陥っても、そこから軌道に戻す手段を知っておく必要がある。失望、憤慨、怒りなどネガティブに思われる感情が交渉の場を浸食しがちな状況の診断から始め、感情の次元も含めて、交渉における合理性をより広い視野で考える。そして、感情がからむときに干渉する反射行動や直感的行動を分析する。限界も認めつつ、準備段階（第2章）で明確にされたプロセス、関係、内容に関する要素を交渉者が最大限に使えるよう、感情に流されない対応や行動を提案する。その代替的行動は、本章で検討する3つの目的に照準を合わせている。手続き上の障害物を回避し、仕事の場での良好な関係を維持し、双方が受け入れうるしっかりした解決に至ること、である。

交渉における感情の役割を理解する

交渉を当事者間の経済合理的な相互行為だけで見るのは錯覚である。コンフリクトのある状況では、ネガティブな感情がさまざまに作用する。

「理性的な」緊張が「感情的な」対立に変わる

第4章で分析した、問題に対処できる状況は、しかるべき信頼関係があり、人間関係に大きな緊張がないことを前提としていた。だが、価格決定、サービスプロバイダー間で売り上げを配分する基準、パートナーに対する利益分配比率の計算、占有担当地域の区分けなど、価値を切り分ける段階で生じる「理性的な」緊張が、獲得戦術を強行させ、感情がらみの鍔競り合いをもたらし、現場をギスギスさせる状況はいくらでもある。

そんな攻防になると、そもそもなぜ交渉しているのかが、どこかにいってしまう。ルネ・ジラール(47)の言うように、行っている交渉の「目的自体を忘れる」のである。交渉というより、ただ対立していがみあう当事者がいる、というだけになる。人間関係は壊れ、双方ともこの交渉以外の解決案に向かわざるをえなくなり、互いにメリットがあったはずの合意から自ずから離れてしまう。うまく始まるように思えたことも、双方が価値を切り分けようとしたとたんに悪化し、関係も崩れ出す。合意に向かう一歩が、対立の種を生むのである。

もっとタフな状況もある。初めから対立ばかりで、摩擦を引きずり、ひどい目にあっているという意識が防御の塹壕を掘らせ、話し合いや問題解決への協力を阻む。感情は貸借対照表の資産の欄には記入できない。「向こう側にいる連中」などとの話し合いは想像もできず、交渉のふりをするしかない。相手はパートナーどころか、対立相手ないしすでに敵なのだ。緊張した関係でプロセスが阻害されるにつれ、問題の核心に取り組むなどそもそも、あるいは絶対無理だったのだ、とみなされるようになる。交渉などできるはずがない。相手は理性を欠き、悪意に満ちた敵だ。パイを大きくするなど論外で、とにかく取り分を確保するしかない。話し合おうにも対立ばかりで、感情的になるだけだ。

緊張が交渉の冒頭からあるにせよ、途中で生じるにせよ、交渉者は感情をうまく管理しなければならない。

図6-1　感情と問題解決のギャップを埋める

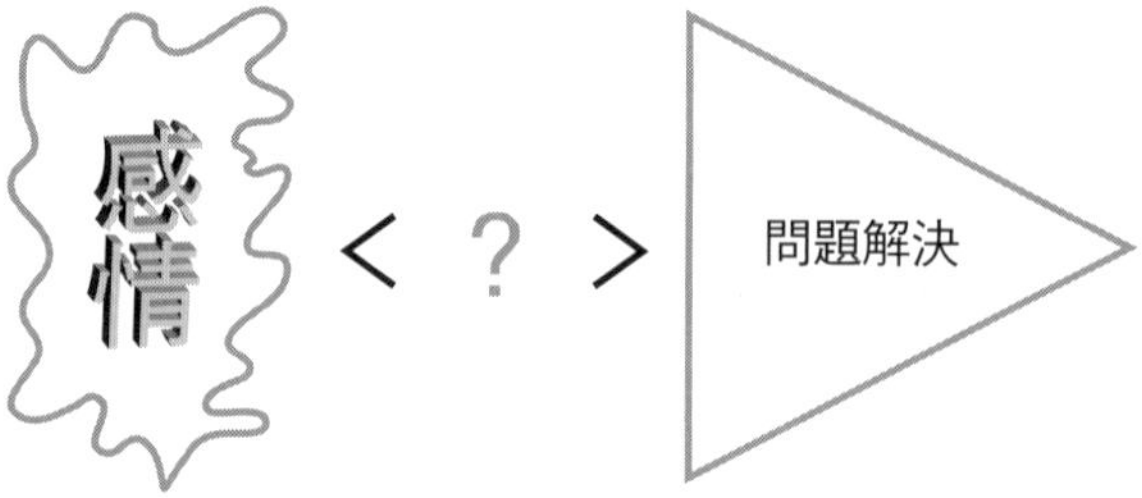

理性を感情も含めた広い意味でとらえる

感情が作用する中で、建設的なアプローチ[48]を生み出したければ、その前に何かが起こっていなければならない。図6-1のクエスチョン・

マークは、感情と問題解決の間にあるはずの何かを示している。強い感情（左側）がわれわれを煽り、過去にこだわらせ、相手を反射的に非難し、自分を弁護する姿勢を固めさせる。

図6-2　感情を統合した交渉プロセス

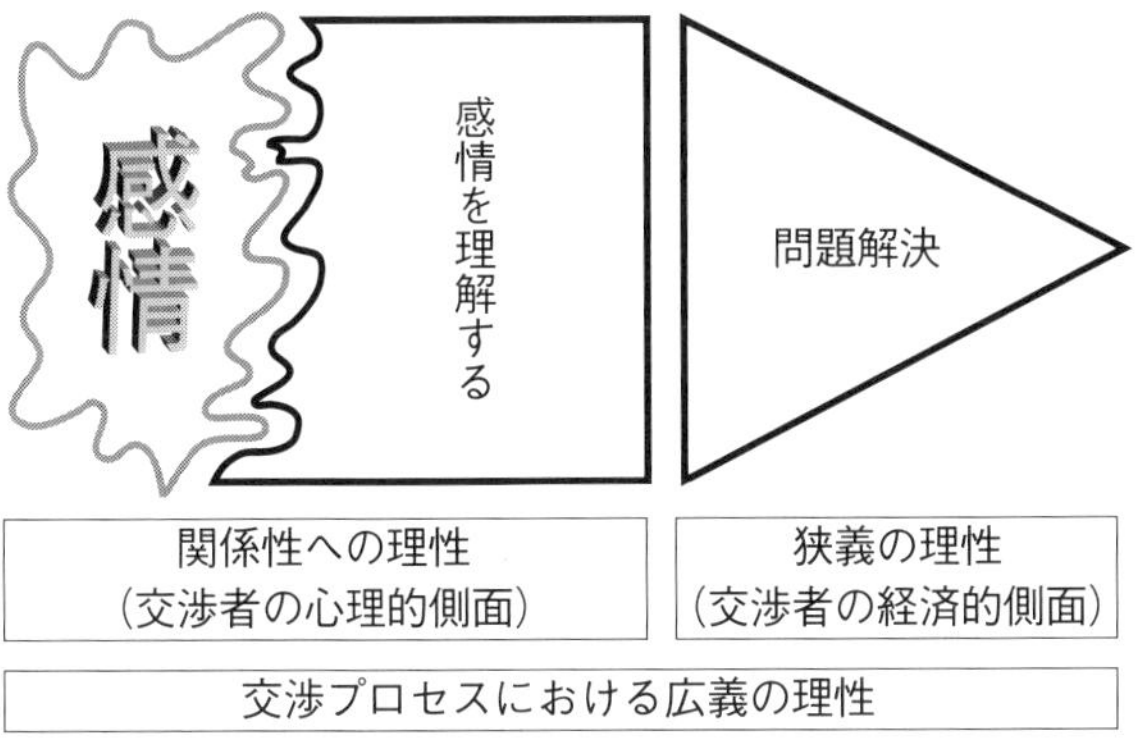

行うべき問題解決作業には、共通の未来に向かうアプローチが必要である。そこから、問題を解く具体策を探し、パイを広げ、切り分けるための規準を示し、話し合いによる合意を考える。

ゆがみ、くたびれ果てた感情をからめたまま、交渉における合理性を経済的な観念だけで論じても意味がない。交渉では、合理性をもっと広い概念でとらえなければならない。相手と協力し、最後には一緒に結果を出すためには、心理的な能力も必要なのだ。この広い意味での合理性では、理知に加えて、関係知というものを想定している。感情への知能といっても良い。問題に取りかかる前に、相手とその感情に取り組む能力のことだ。フィッシャーとユーリ[49]は、「人と問題を切り離せ」と言ったが、ここでも効果を考えると、一連の流れを見る必要がある。

図6-2は、交渉プロセスの展開を、（心理的な）関係の理性から最も限定的な意味での（経済的な）理性への流れで示している。有害な感情が爆発したら、「そのまま続けず」、感情を理解するというつなぎの段階を通して、関係性の諸課題に対処する努力が不可欠なのだ。この段階を置くことで、作用する感情を理解し、関わる人たちの体面を保つことができる。感情の理解とは価値創出のひとつの形であり、多元的でより根本的な意味での共有価値の創出になる。コミュニケーションの技術、特にアクティブ・リスニングが核になる。

思想や願望がどうであれ、交渉で純粋に理性の代理人でいられる人はいない。そもそも交渉者の行動は、第5章で述べた認知バイアスに影響されやすい。この発見は新しいものではなく、フランソワ・ド・カリエール[50]やフォルトゥーネ・ド・フェリース[51]が、交渉者の熱意《パッション》はその利益に優先することがあると指摘している。各々の感情がぶつかり合うとき、感情の帝国が突如出現し、緊張が高まり、事態はエスカレートする。

感情：交渉にはプラスに作用するのか、マイナスに作用するのか

感情《エモーション》あるいは古代の哲学者が語ったパッションが、交渉で必ずネガティブに作用するわけではない。感情とパッションの区別が大事なのだ。喜びや楽しみは好ましい効果を引き出す。ある実験によれば、交渉者が「あなたと仕事をしていくのは喜ばしい」という態度で解決案を提示すると、そうしたポジティブな感覚を見せず、どちらでもない態度で提示する場合よりも、受け入れられる率が高い。ポジ

ティブな感情が相手からも示される場合は、解決に向かってさらに動きやすくなる。だからこそ、交渉では、ただ技術的にアプローチする以上の行動が求められる。人は単に機械的に考えるモノではなく、温かい血が流れていることを再確認しておこう。

感情にも最高から最悪まで幅があるが、注意が必要なのは最悪の状況である。ポジティブな感情は当事者間に一体感を生み出すが、嫌悪や悪意の感覚は真逆に作用し、互いの気持ちを遠ざけ、関係を疎遠にする。前述の実験では、合意案が「率直に言って、あなたと一緒にやっていくのは本当に難しい」といった文脈で提示されると、受け止め方はおざなりになり、中立的な文脈で提示されるよりも劣る結果になる。これがエスカレートするのは明らかで、相手の提案に付随するネガティブな感情がこちらの気分を害せば、同じような感情に毒されて、返す内容はそっけなく、時には攻撃的になり、先の見えない行き詰まりにもなりかねない。

ポジティブな感情とネガティブな感情の機能がわかれば、交渉中にこうした感情を装う誘惑にかられることもあろう。たとえば、相手側からもっと利益を得ようとして、ポジティブに振る舞うかもしれない。ただし、こうした誘惑にある危険も知るべきだ。感情の嘘の八五％は見抜かれるからだ。事実に関する嘘も見抜かれるが、五〇％にとどまる。自分の感情がらみで相手を騙すのは難しいのだ。次の節で検討するように、パッションの戦略的な用法も、大きなリスクを負わずに、手軽に使えるものではない。

無意識の感情と熟慮あるパッション

ある種の感情は、本人の思慮を外れて表出する。われわれがいつのまにか感情に支配されると、事態は厄介になる。感情の受動的な部分は、自分ではコントロールできない。その感情が退いてしまえば「本当にすまない、言い逃れするつもりはないのだが、あの時は切羽詰まっていたんだ」と言うことも難しくなるのに、反射的に否定してしまった経験は、誰にもあるはずだ。では、自分の感情をコントロールできる本当の限界点はどこにあるのか。交渉でも、困難な状況を乗り切るために、高度な自己認識が要求される。

何らかの手法を使って、意図的に相手の不快感に火をつけるような者もいるが、初めの無意識の感情は別である。相手を揺さぶり、こちらに服従させようとする行為があることは、提示する解決案の受け止め方に、感情操作がいかに影響するかの証左なのだ。パッションのそうした戦略的用法は古代ギリシャの時代からある。アリストテレスは『弁論術《レトリック》』の第二巻で、自分の欲求を満たす必要があれば、自身や相手に利するようパッションを誘発することも可能だ、と書いている。たとえば、憐れみを誘って許しを乞うのは、被告弁護人の間では一般的な戦術だ。幼児でも、特定の欲求を満たすために感情を利用する。母親に叱られている男児が父親を振り返る様子はどう見えるだろう。目に涙をため、父親の同情を求め、母親に対する同盟を結び、叱責から逃れたいのだ。もちろん、こうした行動は初めは意図的ではないのだが、成功体験を重ねるうちに第二の本性になる。感情への訴えは、相手の意志を抑え込み、流れを有利にするためによく使われる戦術で、理屈以上の説得力がある。プラスやマイナスの感情は、単純な交流だけから生じているわけではない。一方が相手を特定の心理状態に追い込んで不均衡を作り出しているのだ。こうした攻撃をされると、自分の感情を和らげるためには、強い抑制力を発揮しなければならない。それが忍耐力だ。

相手が計画的にこちらを怒らせる場合でも、意図せずに怒らせる場合でも、怒りは直感的、反射的反応を引き起こすが、そうした反応には逆効果しかないことは、経験が証明している。直感的、反射的反応を分析し、その心理状態を理解し、対応のレパートリーの幅を広げることが、次節の狙いである。

難しい交渉を分析する６項目

これから解説する６つのポイントは、経験と教育と調査から得たものだ。著者たちは時には共同で時には個別に、対立陣営の代表者に会い、暗礁に乗り上げている当事者間の対話を促し、きわどいやり取りを通じて利害関係者間の協議にあたってきた。そうした状況と向き合っている幾多の公共組織や民間企業とも、交渉実務や交渉研修を通して経験を共有してきた。また、実施した調査の参加者は数百人に及ぶ。一方が交渉テーブルの相手に難問を投げつければ、一瞬、衝撃を受けても、相手もそれに見合うと判断した方法で対応する。[52] 相手を混乱させようとの挑発に始まるこの状況はコンフリク

図6-3　困難な状況の分析

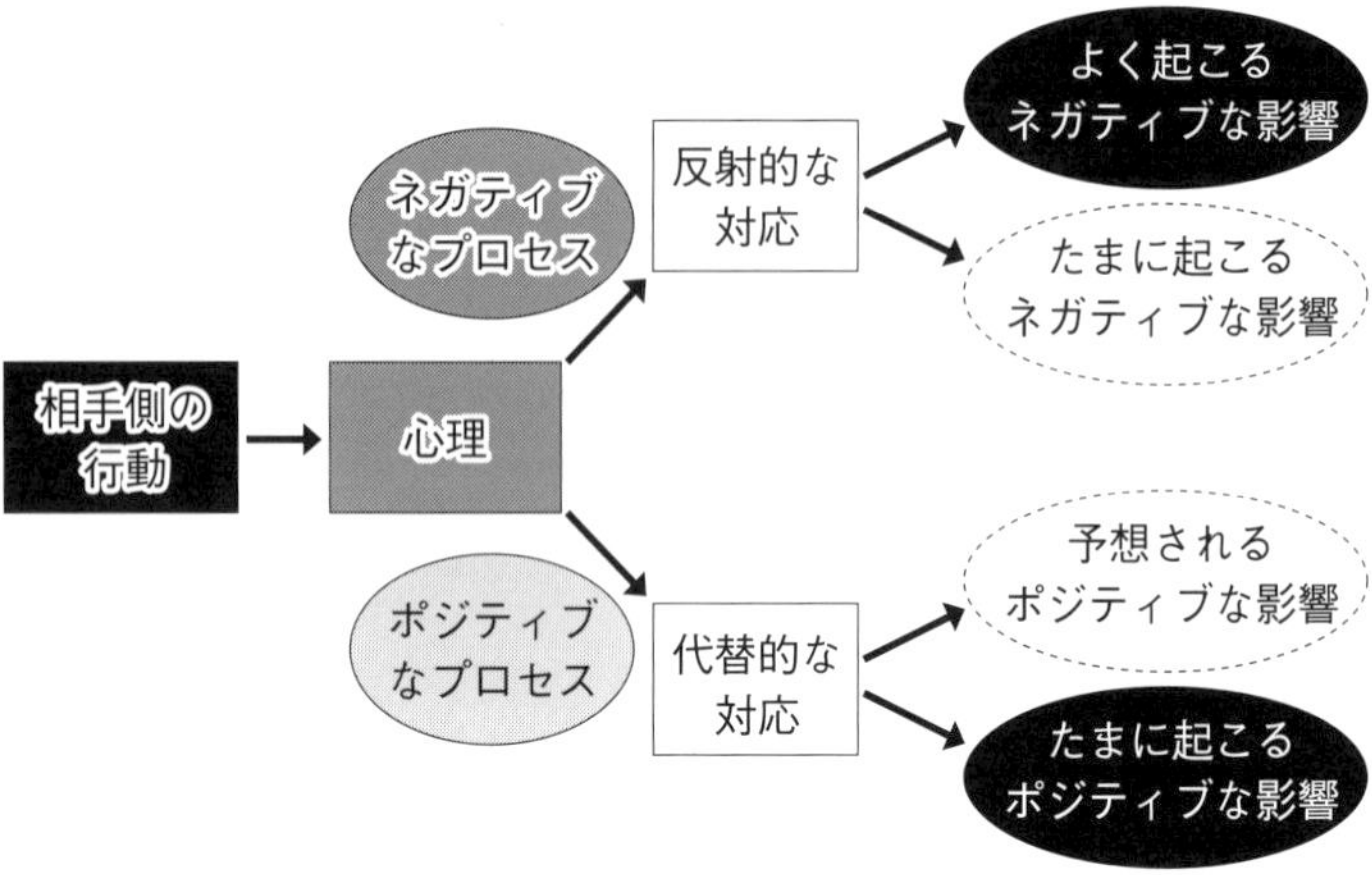

トに満ちる。こうした状況を正しく分析するために、個人への質問票データとグループ全体からのフィードバックを使い、交渉者の相互行為と感情形成を調査した。これらの結果から導いたのが、難しい状況を分析する6項目である（図6-3）。

初めの4つは、ほぼ自動的に高い緊張を引き起こし、交渉の3つの目標達成（決裂を回避し、関係を維持し、主要課題の解決を追求する）を滞らせるのだが、交渉者間のやりとりの流れではよく使われる。

1　攻撃的な交渉者の挑発行動
2　挑発行動が相手に引き起こしがちな思考と感情
3　挑発行動に対する反射的行動
4　反射的行動の交渉プロセスへの影響

そして、新しい道を開くために提案する2つの項目が、

5　攻撃された交渉者がとる代替的対応や行動

6　代替的行動の交渉への影響である。

攻撃者の挑発行動

攻撃されている側が、相手の攻撃的な行為や態度を指摘するのは比較的容易である。本能的に、攻撃された側の注意はすべて相手側の行動に集中する。しかし、このときに重要なのは、攻撃的な行動が自分に与える作用を、感じ方と考え方から検討し、置かれている状況で効果的なのは、どのような戦略的対応かを考えることだ。

相手がこちらを敵視していると非難し、その失態を長々とあげつらう交渉者もいよう。だが、一呼吸おいて、相手の行動のどこが攻撃的だと思うのかを考えることだ。以下は、難しさと不快が募る順に並んでいる。

- **「聞く力がない」**　相手が聞こうとしない、常に気が散るようで、目も合わせず、発言を無視し、話をさえぎり、こちらの主張は退け、ペンや電話とじゃれ、こぶしをたたき、時計を見る。攻撃されていると感じる交渉者が最も頻繁に述べる不満が、相手が聞かない、である。
- **「執拗な反復」**　相手が主張を何度も繰り返す、すでに出ている課題に戻る、いつまでもひとつの点にこだわる、回答を得ているのに同じ質問をする。
- **「悪意ある行為」**　相手が情報を歪曲する、一般論やつぎはぎだらけの考え方を持ち込む、なんでもごちゃまぜにする、矛盾を重ねる、証拠もなくこちらを非難する、嘘をつき、はったりを言う。

◆**「場違いなユーモア」**　こちらをからかい、たたずまいや言葉、仕草を真似る、作り笑いをしながら見てくる、公の場で侮辱する。

◆**「個人攻撃」**　個人的な攻撃をする、こちらの職業意識や権限を疑い、こちらの技量、職業、学歴、年齢、性別、文化、宗教を見下す。

◆**「声を荒げる」**　相手が大声を出す、怒鳴る、叫ぶ、冷静になろうとしない。有無を言わさぬ態度で、断定的な結論を突きつけてくる。

◆**「汚い言葉遣い」**　こちらを呼び捨てにし、罵り、侮辱する。

◆**「脅し」**　交渉の席を立つと脅す、トラブルを示唆する、譲歩以外ないと断言する、別の交渉相手との選択肢を振りかざし、こちらには得るものがなくなると主張する。言葉から始まった脅しは、状況によっては物理的なものに変わる。

◆**「物理的な揺さぶり」**　じっと座っておらず、身振りで暴力を示し、物を粗雑に扱い、話し合いの最中に立ち上がり、ドアを乱暴に閉めて部屋を出る。

◆**「空間の強引な占有」**　相手がせり寄る、寄りかかってくる。交渉の場に集団で押し寄せる、職場を占拠したり封鎖したりする、人質を取る。

同様の行動はいくらでも書き足せるが、いずれも人に適切に接する聞き方と話し方（第5章）とはかけ離れた行為だ。これらの行為は、歓迎されないだけでなく、非建設的で破壊的にもなる。意図の有無にかかわらず、受け手には意図的だとみなされる。上述の例にある相手の行為は、常軌を逸しているとか異常とまでは言えず、誰もがよく知っているものばかりだ。だからこの程度のことは、新しくもなんともないのはすぐにわかる。ただし、その理由を知るのは簡単でも、自分に向けられたときに生じるマイナスの作用を処理するのは容易ではなく、その影響をはね返すのはさらに難しい。自我や人格という根本的なところを他人から攻撃されている感覚は、ひどく感情を刺激するのだ。相手がこちらの敏感な箇所《かしょ》を見つけ、圧力をかけ、傷つける。すると、攻撃の罠にかかり、感情を爆発させ、同じ行為をとれば同じ結果になるのがわかっていても、「同じ行為」でやり返す。しかも、こうした状況を予測できれば、害を避けられるわけではない。次の節では、この作用と結果としてあらわれる感情を検討する。

攻撃された交渉者に生じる典型的な思考と感覚

攻撃が交渉者にもたらす影響は、黙ってやりすごされることも多い。第一に、攻撃によって起こる思いや感覚は心の中のことなので、この内面的な部分はあえて表に出したいとは考えないからだ。それに、こうした影響を話すのは、特に攻撃している相手となら、敗北を認めるようなものだ（少なくともそう信じている）。そんな心の動揺は話したくないものだ。ところが、心の中に抑えたままだと、手遅れとなる損傷をもたらしかねない。相手の行為がなんでもないかのような振りをすると、状況はさらに悪化しうる。相手の攻撃が、こちらの心の中の対話まで閉じさせるかのように、いろいろなことが起こり出す。だからこそ、時間をとり、状況から距離をおき、攻撃による影響を考えられれば、大きな価値を見い出せるかもしれない。叩かれる釘の側にも、叩く金槌の側と同じくらいさまざまな変化が見られるのである。

攻撃を受けている状況で認識する心の中の意識や感覚は多様なだけでなく、時間的な展開もある。それは決してバラバラではなく、ひとつの流れを形成している。威嚇行動が直ちに用いられる場合を除けば、**「感情という連続体」**は次のような展開で、時間とともに影響を強めていく。

- **「始まりは」**単純な驚き、不意打ち、面白み、矛盾などの感じをそこそこ覚えるが、いずれ過ぎるだろうとの希望的観測もあって、管理できる程度だと思う。
- **「それが昂じると」**いらだちが募り、堂々巡りを感じ、憤慨し、気が短くなり、怒り、交渉の席を立ち、相手から離れたくなり、話し合いは機能しないと考え出す。
- **「極端になると」**修復可能なラインを超えるほど自己抑制を失い、身体で表さなくとも、相手に対する感情的な爆発、暴言が誘発される可能性が高まり、交渉などどうでもよいと考える。

この変化が大切なのは、微弱な振動から大地震へのように、内にあるコンフリクトの指標になるからだ。感情がエスカレートしているときは、攻撃を感じている側は自分の情緒の変化を**「診断する」**時間も余裕もない。実際に自分の行動を調整して対応せざるをえないときには、時間不足と余力不足を痛感させられる。そうなると、状況はどこを見てもネガティブに思え、次第に耐え切れなくなり、遂には手に負えなくなる。こうした不快なやりとりの中で、犠牲者側は冷静さを失いつつも、こんなことはいずれ過ぎ去る、怒ってはならない、と自分を納得させようとし、心理状態は自分にも相手にも知られぬままにしておく。次は、聞く耳を持たない者たちの間によく見られる様子だ。

「落ち着いて！」
「私に向かって落ち着けだと！　私は冷静だ、おかしくなっているのはあんただろう」
「私がおかしいだと！　ふざけるな、自分をよく見てみろ、我を失っているのはあんたの方だ」

攻撃されている側にとって、忍耐の限界を越えないようにするためには、聞くこと、そして自分が**「感情のタイムライン」**のどこにいるかに気づくことが大切である。誰でも怒ることはあるのだ。であればこそ、自我を認識し、感情の「震度計」を持たなければならない。内なる声に心を閉ざせば、交渉の合理的動機に集中できなくなり、自分の交渉目標から目が離れ、感情的動機に支配され、暴発するリスクが増す。重要課題から遠ざかり、目の前の相手が調子にのるほど、さらに感情が理性を上まわる。だから、感情の前触れを発見する方法を知ることが大切なのだ。

『レインマン』あるいは予告警報《テルテイル・サインズ》

この映画[53]では、知性ある自閉症の主人公が自我のコントロールを失い、数々の危機に直面する。どの危機にも、ある前触れがある。主人公が「ア・オー」とつぶやくのだ。彼はこれで「警報、警報、危険接近」を示唆する。難しい交渉には同じような方式を持つとよい。心の中には誰しも自分自身の「ア・オー」シグナルを持っていて、初めはほとんど気づかないが、辛抱を重ねて、忍耐の限界に近づくと作動し始める。これは、自分が自己抑制を失う限界が接近しているのを知らせるシグナルなのだ。これに気づこう、耳を傾けよう、あるいは声に出して発しようとしている間は、冷静を保てる。自分のシグナルを理解し、限界がどこにあるのかを知っておかなければならない。これは本書の技法を使う際に、また必要ならば、危機に陥る前に離脱するタイミングを知るために不可欠の条件である。

交渉における最も大切な指標は、相手が何をするか、こちらがどう対応するかではなく、こうした内なる感情と交渉者双方に与えるその影響のはずである。「**注視すべき重要なこととは、相手が何をするかではなく、相手の行為がもたらす自分への影響なのだ**」。外的要因にとらわれすぎると、自分を最も意識させているはずのこと、つまり自分の心の状態を無視してしまう。ただ玄関先を掃くのではなく、家の中の散らかり具合に気づくようにならなければならない。

正しく考慮すべきもうひとつの指標は、こうした状況での時間感覚である。交渉で物事が順調に進んでいるときは、川の流れのごとく時間は当たり前に過ぎ、時間はさほど目立たない。だが感情が作用し出すと、われわれの**「体内時計」**が狂い始める。時間の経過が加速したり、複数のことが同時に押し寄せ、川は激流になり氾濫する勢いになる。反省したり考える余裕がなくなり、話す速度もおかしくなる。時間がなくて、喫緊の課題も話し合えないという焦りと同時に、間延びの感覚も出てくる。目の前の問題を話し合うのにもっと時間がほしいと思いながら、早くこの交渉を終わらせたいとも思う矛盾である。だから、時間が追加されればされるほど、まだ終わらないのかという気分になる。情緒的緊張の続く間は、数年分の作業成果が数秒で台無しになるリスクがある。最後の一瞬が、長く続いてきた関係への致命傷にもなりうる。時間の加速も停滞も、一歩下がって全体像を眺めるための時間をとろうという気にはさせない。この時間感覚と、それに対する思考や気分のせいで、一気に疲労が増す。川はもうふだんの流れではなく、うねる濁流に様変わりしている。時間は短くなり、長くなり、堂々巡りになる。時間への意識は、難しい交渉には特に重要である。

ここで述べてきた感情はすべて、ものごとの進行に強く作用する。無視すると大問題につながりかねないが、感情への配慮は、いろいろなことを可能にするはずだ。交渉者は、危険な状況では特に、感情が噴出して手に負えなくなることのないように、自身の感情を管理しなければならない。

攻撃を受けている交渉者の反射行動

経験も知識もない交渉者が、攻撃にさらされる状況に放り込まれたときの典型的な反応は、**「とにかくがんばる」**のはずだ。その**「がんばり方」**は、相手に話をさせ、建設的な発言を心がけ、相手には揺さぶられぬよう、耳を傾ける。ただし、すでに述べたように、大切なのは一にも二にも、とにかく聞くことなのだ。だが、感情のからむ状況では心を殺して聞く姿勢を示しても、いらだちや無関心が強調され、早く自分に話させろというメッセージを送るように見えることもある。だが、前述のアクティブ・リスニングはそういうものではない。聞かない、という態度の本質は次のような表現に現れがちだ。「とにかく、あなたの言うことはもう聞いた、さあ、今度はあなたが私の言うことを聞く番だ」。難しい交渉では、そんなやりとりが頻発する。攻撃されている側が交渉の流れを取り戻すのに、「理性的になろう」とか「私の話を邪魔しないでくれ」という言い方で相手を諭そうとする。傍目には、こうした試みがマイナスにしか作用しないのがわかっても、自分がそんな場に置かれると、そうしたくなるものなのだ。

こんな応酬になれば、互いに消耗するだけだ。状況に希望が見えないと、緊張は高まり、双方ともに反射的な形で反発し合う方に流される。ここではわれわれの選択肢は、退避するか、譲歩するか、戦うか、懐柔するかになる。[54]

「退避する」 対立を避け、状況から脱け出る。退避するのは、見かけほどネガティブな対応とは限らない。交渉者が離脱する方法を知っている場合や、退避しても損失にならない場合、その交渉以外に現実的な解決案がある場合なら、賢明な選択になろう。また、ドアを乱暴に閉めて去るか、将来もっと良い兆しが見えたときにまた一緒に仕事をしようとの提案を残して去るか、こうした状況でも残像には違いがある。相手に対する影響は常に考えなければならない。退避と異なり、次の３つは交渉というゲームを続ける選択である。

「譲歩する」　ないしは服従する。相手の戦略を全面的に受け入れ、それによる損失はすべて負担する。服従型である。この姿勢をとり続ける限り、相手は攻撃の手を緩めることはない。一方が抵抗しなければ、相手は同じアプローチを継続したくなるものだ。ただし、服従姿勢がいつまでも続くことはほとんどない。攻撃されている側が目の前の状況を支えられなくなれば、遅発爆弾のように、いずれ心の中で爆発が起こり、ましな選択肢を求めて離脱せざるをえなくなる。攻撃されている側が、相手のパワーの行使にさらされたあげく、対決的アプローチをとることになれば、時限爆弾が相手の面前で爆発する可能性もある。

「戦う」　攻撃してくる相手と対決する。目には目を、である。攻撃されている側が相手を打ち負かし、優位に立とうと、仕掛けられたゲームにのる。相手が罵ってきたら、もっと大声で罵る。相手が拳を握れば、拳を振り回す。相手がテーブルを叩けば、こちらはドアを乱暴に閉めて出ていく。この方式はあからさまな危険をはらみ、対立のエスカレーションは最終的な結果の価値を損ねる。またこの方式は正当性を欠く。相手と同じ態度で行動すると、相手を批判する根拠を失うからだ。相手が仕掛けたから責任は相手にあるといった応酬になれば、悪循環の罠に陥り、そもそも対立を起こしたのがどちらかという区別もしにくくなる。

「懐柔する」　問題の核心に猶予を与え、形を修正しようとする。この妥協姿勢がリスクになるのは、相手に関係性の圧力で迫られると往々にして内容で折れて埋め合わせるからだ。何の抵抗もせずに譲歩する服従とは違うものの、相手が攻撃によって得るものがあれば、同じ戦術を繰り返すインセンティブになるので、服従と同じ結果をもたらす可能性がある。

攻撃されている交渉者の典型的行動の効果

交渉の3つの目標を達成するには、上述した行動の大半は逆効果である。それでも、そうした行動をする交渉者がいるのは、他の選択肢に気づいていないためだ。

典型的な対応もごくまれには実を結び、交渉を軌道に戻せることもある。だが、大多数は、そうならない。4つの姿勢（退避、服従、戦闘、懐柔）が満足な結果につながることはほとんどない。特に、戦闘は状況をエスカレートさせ、決裂に至るまで危機を深刻化させかねない。報復の勝利も束の間で、交渉が決裂し関係が壊れれば、後悔を引きずることになる。激昂して怒りを爆発させると、その失策が自責の念となり、「いったいなぜ、あれくらいを我慢できなかったのか」と落ち込む。暴発してすっきりするのは瞬間的で、長期的には破滅的な状況をもたらしかねない。反射的な対応しかできないと、不満足な合意を受け入れざるをえず、行き詰まって交渉が進まなくなれば、交渉外での解決策を探さなければならない。

攻撃を受けている側は、マイナスの結果の一因が自分の反射的対応にあるのをたいてい自覚している。反射的行動に隠れたリスクはわかっているのに、代替行動が見えないまま、諦めているのだ。

攻撃されている交渉者がとるべき対応

攻撃に対する最も一般的な反応が本能的で、上述の4つの姿勢になりがちだとしたら、序章で述べた交渉の基本目標を実現させるために、とるべき別の対応をはっきりさせよう。狙いは、目標を妨害するものをすべて除去することだ。感情がからむ状況では、いきなり対応しようとせず、ひとつの問いかけをしてみる。「自分の目標を実現するために、自分は今何をしようとし、何を言おうとしているのか」。

ここで少しでも迷いがあれば、対応が目標から離れている可能性があるので、口を開かず、別の行動を考えなければならない。自分の目標を実現するための提案として、特に推奨するのは次の4つである。

第一は**「アクティブ・リスニングに努める」**ことだ。相手の感情、先入観、あるいは攻撃性そのものも含め、相手を理解するためにはとにかくアクティブに聞くことだ。たとえ、相手のネガティブな感情を重ねて聞くことになっても、聞く努力をしなければならない。緊張している状況ほど難しいのだが、そういう時こそ必要なのである。これはアクティブ・リスニングの究極の試験になる。心の中ではすべての信号が赤になっていても、この技術を実際に使えるか、が問われる。もっとも、聞くというのは相手を理解することであり、同意することとは別だ。相手に考えを述べる自由を与えるのは、こちらが状況をじっくり考える時間を確保する手段でもある。攻撃を受けている側が、問題の重要部分を譲ることなく、相手を理解し、その理解力を示せれば、上出来である。相手と感情に集中することで、人物そのものに重きが置かれる。そうならないと、攻撃を超越して、建設的なプロセスに引き返せないのだ。だからアクティブ・リスニングは、相手との関係の体裁を修復するのも助ける。ここでできる時間は緊張緩和、減速、中心問題への再集中に使える。

第二の対応は**「リフレーミング」**[55]である。相手から受ける攻撃エネルギーを、解決を見出すエネルギーに変換する。柔術の技とも呼ばれ、言葉の流れを、建設的なチャネルに向けなおす。相手の行為を無視せず、しかし攻撃にはまどわされず、隠れている建設的な意思を見つけるべく、整然と考える。相手の攻撃性の裏に、破壊ではなく解決に寄与する動機もあると考えるのだ。

これは個人的な攻撃の方向を変えて解決すべき問題に向けさせる、という考え方である。攻撃側の暴れ方も、ある課題を非常に重く見ている証だとみなせば光明になる。そうした攻撃のエネルギーを、交渉の基本要素に向けて少しずつ方向を修正させるのだ。怒りの裏には相手の深い動機や意図、あいはこちらが助けてやるべき正当な怖れや不安がある。不平不満の流れをアイディアの流れに変換できれば、話し合いにより双方が受け入れうる解決案や正当化規準の探索につながる。この交渉以外で相手がとれる解決を検討するのを補助してやれば、問題の核心の話し合いを続ける方が利益になるとはっきり認識させてやれるかもしれない。

こうした技法は、攻撃されている側の交渉者に、多大な自己抑制だけでなく、深い善意をも要求する。目の前の問題から、ある程度の距離を置き、過去の非難は抑え込む。そうすることで、この瞬間はただの不快な記憶とし、ここをポジティブな未来を生む変化のプロセスとみなすのだ。リフレーミングは天から授かる能力ではない、これをうまく実行するためには、最悪の状況にあっても、考える最高の成果を想像することが必要だ。

獲得すべき第三の対応は、**「プロセスへのシフト」**である。アクティブ・リスニングで関係が修復できず、リフレーミングでも問題に焦点を移せなければ、話し合いを軌道に戻すために、プロセスに集中してほしい。大切なのは「どのように」交渉するかであり、関係と内容にあらためて焦点を定め直すことだ。そのために取るべきいくつかのステップがある。

出発点は、現在の交渉についてこちらがどう感じているかを相手に知らせることだ。非難めいた「あなたは」で始まるメッセージではなく、「私は」で始まるメッセージを使い、こちらの個人的な印象やフラストレーションを述べる。たとえば、「私が攻撃されていると感じている間は、私たちの問題の解決案を探すのは非常に難しいと思います」と。そこに、状況の複雑さが、結果を出すのを妨害していることを添えてもよい。たとえば、「こうした状況では、私は効率的な姿勢でいられる自信がありません」。また、現在の動きついての相手の感覚や目的を聞いてもよい。たとえば「あなたがこうおっしゃったときの目的は何だったのですか」。最終的には、次のように聞いて、相手の行為に本人の目を向けさせる。「私が間違えていないとしたら、あなたは私が無能だと言っていることになります。

同じことを私があなたに言ったら、あなたはどう解釈しますか」。相手の逆効果の行動に気づかせるには、手鏡でその姿を見えるようにしてやるだけで十分なことが多い。

このあたりで、プロセスとコミュニケーションのガイドラインを交渉しておくべきだ。「われわれが前進するための別の方法があれば、話し合っておくと有益だと思うのですが」。交互に発言する、話の腰は折らない、個人攻撃は禁止、感情を静めるための休憩をとれるようにする、などを提案する。交渉の場についたまま冷静さを取り戻せるときもある（禅の技術のひとつ、深呼吸を三回することには驚くほど効果がある）が、一休みして新鮮な空気を入れ（ユーリの言う、バルコニーに出て）時間をとる単純な行為でも緊張状態を緩和できる。感情抑制を失いそうなほど攻撃され、プロセスをリスクにさらす態度をとりそうだと思えば、もう話し合いを続けられない、と言うべきだ。相手を非難せず、現状では自分は続けられないと言うだけでよいが、情況のよろしきをえれば、今後も対話の用意があることも伝える。

第四の対応は**「スポークスパーソンを交代させる」**ことだ。当事者の相性が合わないことはあるし、そうなると会話の質を保てなくなる。交渉代表団を再構成する、新しい担当者を探す、役割を交代する、あるメンバーに交渉の場から一旦離れてもらう、といったことに躊躇すべきではない。もちろん、相手に担当者を変えてくれと言うのは、神経を使う話だ。慎重を期さなければならないが、交渉代表団のトップに個人的にアプローチしたり、さらにその上司に依頼したり、あるいは代表団の規模の増減を話し合ったりすることで、そうした改変の実行も不可能ではない。また、他の利害関係者を交渉のテーブルに招いて、連合を拡大することも可能だ。正確な議事録を用意したり第三者を登場させたりするだけで、当事者全員に理性的な打開策を促すこともある。そして、中立の立場の人に意見を求めることでも会談を後押しできる。第三者にもプロかアマチュアの調停人、[56] 仲裁人の場合がある。ラリー・サスカインドとパトリック・フィールドは明快な6つの原則を立てている。[57]

怒れるクライアントに対処する

怒りの感情をぶつけられると、相手には悪意があるとか、感情を発散させているのだと感じる。ホテルのフロントデスクで怒りをぶちまけている旅行者の例で考えてみよう。空港からの出発が遅れ、エアコンの故障した蒸し暑いバスで長時間揺られてきて、家族はようやく部屋にチェックインするところまできた。ところが、通されたのは予約していたオーシャンビューではなく、建設現場しか見えない一階の部屋で、温水も出なかった。スーツケースはロビーに放置されたままで届かない。フロントに電話で不満を伝えると、折り返し返事をするとのこと。だが一時間たっても、何も言ってこない。まだスーツケースも届かず、温水も出ない。連絡も受けぬまま、彼らはフロントにやってくると、うんざりも極まって、カウンター越しにマネジャーを怒鳴りつけ、自分たちのフラストレーションを叩きつけざるをえなかった。もちろん、担当者がすべきことをしないからこうなったのだが、無視され、ひどい部屋を押しつけられ、ホテルの従業員の態度も悪いと思っている彼らの感情に対処しなければならない。どんな助言をしたら良いだろうか。攻撃されている状況である。反射的な対応で、この章で解説してきた無益な行動によるリスクを冒してはならない。サスカインドとフィールドの6原則を使い、迫る感情的緊張を認識し、自分の感情も見つめ、次のようなポジティブな対応を取ることをイメージしてみよう。

第一原則：「相手の痛痒を理解する」　この家族の主要ニーズ、つまり休暇を楽しみたいという気持ちを理解し、彼らの視点に立ってきちんと理解していることを示す。「私がお客様の立場でしたら、とても残念です。お電話をいただきながら誰も対応しておらず、申し訳ございません」。この最初の言動で、相手はようやく耳が傾けられたと感じる。この状況を心から共感して理解する対応が示されれば、大多数の人は怒鳴るのをやめるのが普通だ。

第二原則：「一緒に事実確認を進める」　「いかがいたしましょう。問題点をお話いただけますか」。双方が了解できる事実に基づいて、相手に共通の理解を探すよう促さなければならない。「予約票を拝見してよろしいですか。確認いたしますと、オーシャンビューのお部屋は確約されていないのですが」。

第三原則：「問題が起こった場合の影響を最小化するためにコンティンジェント・コミットメント《条件付きの約束》を申し出る：考えうるが意図せざる影響を補償する約束をする」　何らかの解決案を示す前に重要なのが、本当に問題を解決したいと思っていることを積極的に示すことであり、特に対立状況では大切だ。「できることは何でもさせていただきます」と言うことのリスクを十分認識したうえでなお、相手に不愉快な成り行きを和らげなければならない。「建設現場からできるだけ離れた部屋をお探しします」。問題を完全に解決しなければならないと考えるより、状況を見越すことを考えるべきだ。問題を推定したら、相手の回答を待つより、先制してそれに言及する。確率は低く思えても、保険のつもりで、その可能性に対処しておく方がよい。

第四原則：「責任を認める」　失策をしてしまったら、たとえば違う部屋に案内したのなら、その責任を認め、問題を解決する。ここでも、先制行動の効果が大きい。客が建設現場について文句を言うことが予測されれば、相手がそれにふれる前に、「建設工事がお客様のご迷惑になるかもしれません。それでは申し訳ございませんので、できることがございますかどうか調べさせてください」と言うのもよいだろう。

第五原則：「いつも信頼される様式で行動する」　ここで絶対してはならないことは、非現実的な期待を持たせることだ。約束してよいのは守れることだけで、失われた信頼を取り戻すべき内容でなければならない。

第六原則：「長期的関係の構築に集中する」　不機嫌になった客とマネジャーの状況なら、マネジャーは、とにかく関係性の論理で、感情を抑え、相手との関係を立て直す。交渉者は提案した解決案が不十分ということになった場合は、長期的関係を重視し、交渉相手に改めて会う機会を提案する。

難しい交渉を管理するための技法もいろいろな提唱されるが、簡単な成功を保証する魔法はありえない。それに、感情的になる交渉の多くが、その状況を効果的に管理しようという意思をどちらも持たない中で起こっているのも事実である。われわれは一人ひとりが、そうした状況を助長していること、そして何よりも、そうした緊張を緩和させる責任があることを自覚しなければならない。

代替行動に期待される効果

アクティブ・リスニングを基本とする代替行動が、ネガティブな緊張を和らげるのに役立つことは経験から明らかだ。この行動は、相手に自分を表現するゆとりを与え、こちらから建設的なアプローチを実践し、相手の不満を発散させつつ、より理性的な姿勢に引き戻すことを狙っている。また、関係を破綻させず、交渉決裂の責任転嫁を避ける目的もある。これは双方の面子を保ち、交渉の場に自他相互の尊重を維持するのに役立つ。**「交渉者は行き詰まりを最小化し、関係性を最大化し、解決の探索を最適化するのが仕事だ」**。

ただし、万能薬がないことも忘れてはならない。どんな戦略をとっても、感情が昂じたままの交渉者と向き合わざるをえないことは誰にでもある。そうした場合は、自分がコントロールできる人間にだけ集中するのが良い。それは自分自身である。言い換えれば、相手に気を奪われたままにならず、自分の行動ならどこを変えられるのかを考えるのである。できることをすべて試して、なおだめであれば、その時は身を引き、この交渉以外の解決案に向かえば良い。

それでもまだ何かできないか、自分の側でできるとしたら何があるのか。それは、相手と同じ行動は絶対にとらないことだ。ジラール(58)は鏡面効果を考えよと言う。受け入れがたい行動を相手がとってくる場合、こちらも同じようにしたくなるものだ。相手が話に割りこんでくると、こちらも相手を排除したくなる。相手が怒鳴れば、こちらも声を荒らげたくなる。相手がこちらを非難して否定的な感情をあらわにしてくると、こちらも同じように非難したくなる。われわれはこうした衝動を我慢することで、同じ行動をとって状況を解決不能にするようなことを避けなければならない。本書の結論では、そんなわかりきった事態にならないように、非対称で、異なる形で行動する必要性に注目したい。この基本的な非対称性も**「明白なことの前に大切なことから始める」**ための時間管理とともに、本書の核心である。

第7章 複雑性にぶつかる「前に」メソッドを深める

複層交渉、多者間交渉、多文化間交渉をどう管理するか

この章では、複雑性が高まる3つのタイプの交渉を検討する。(1)エージェントがプリンシパルから権限を委ねられ代理で交渉する複層交渉、(2)現場に三者以上が関与し、それぞれが異なる動機と目的を持つ多者間交渉、(3)異なる文化の出身者による多文化間交渉、である。

これらの交渉には5つの共通点がある。第一は、ひとつの交渉に複数の要素が**「組み合わさっている」**場合があること。たとえば、CEO（プリンシパル）が部下の一人（エージェント）を海外（新しい文化）に派遣し、取引先のうち2社との提携（多者間）を再交渉させる状況。

第二は、そうした交渉が**「急増している」**こと。後述するが、代理人や第三者を介した交渉が増えており、特に外交の場ではそれが多者間交渉になるのが普通である。取り組むべき問題が多様化し、利害関係者が増えているのである。一企業でも、ひとつの会議に多くの人間が、それぞれの所属元か

らの命令を抱えて参加するのは珍しくないし、交通と遠隔コミュニケーションの格段の進歩と相まって、グローバル化は多文化間交渉を日常化させている。複層、多者間、多文化という広がりは、今日の多くの交渉にある無視できない特質なのだ。

第三は、これらの交渉では**「当事者間の相互交流が必然的に複雑化する」**ことだ。2者間の交渉でも複雑なのに、交渉の場に加わる人間が増えれば、さらに面倒なことになるのは当然だ。そこでは、指示が明快であること、合意を早まらないことを常に確認しなければならない。出てくるであろう文化差や言語の違いは言うまでもない。交渉者が二人で、同じ文化圏出身なら、同じ規範、価値観、選好を持っている可能性はある。共通項が多い方が少ないよりも良い。しかし、多数の人間が関われば、個々が持ち込む変数も一気に増え、状況の複雑性はすぐにわれわれの手に余ることになる。

第四は、**「コミュニケーションの課題と障害」**である。アクティブ・リスニングとアクティブ・スピーキングを重ねてコミュニケーションの流れを作る大切さは説明したが、参加者の数が増えると、これがさらに重要になる。皆が一斉に話せば、誰の耳にも何も届かない。多文化状況での意思疎通には、第5章で指摘した理解不足と誤解のリスクが急増する。一方が何かを述べようとしても届かず、相手からも話が通じないなどはごく普通に起こる。当事者の数と同じ数の言語、選好、アイデンティティがもたらすものは、まさにバベルの塔になりかねない。

第五は、**「無意識のうちに直感型の交渉方式に頼るリスクが増す」**ことだ。交渉の複雑性によって不安定にされると、交渉者は第1章で列挙した立場主義、競合、妥協、「解決はひとつしかないと決めつける」罠、交渉マニアなど、過去の習慣に無意識に逆戻りする傾向がある。場当たり的な対応や衝動で、浅はかな行動をとらないよう注意が必要だ。メソッドに則したアプローチを堅持し、普段以上に、明白なことの前に本質的なことを配し、重要なことから実行しなければならない。

この章では、3タイプの交渉の特質を検討し、主要課題を解説する。

複層交渉

職業的な交渉のほとんどは間接交渉である。交渉者（エージェント）が他の誰か（プリンシパル）、たとえば上司、部門、会社の代理としてその権限に従って実務にあたる。交渉は、複数の当事者が同じレベルで交渉する**「ヨコ型」**に構成されることもあるし、複層交渉のように**「タテ型」**になることもある。これらの状況を検討し、権限を定める際に欠かせない3つの局面を峻別し、プリンシパルとエージェント間の利益相反の予防に役立つ技術を解説する。(59)

定義

「プリンシパル」と呼ばれる人とその代理として交渉する**「エージェント」**と呼ばれる人との間に

は**「交渉コントラクト《委任契約》」**が結ばれる。これは、エージェントの達成目標と責務を何らかのかたちで明示した指令による委任と受託である。交渉コントラクトは、次のように多くの状況で用いられるが、いずれもプリンシパルとエージェントの関係を効果的に管理する必要がある。

- **「外交交渉」**　政府は国民の代表として国際条約を交渉する。政府は国として決定を実行に移す指令を受けているのだ。政府は代表者に指令を与え、交渉を指揮させる。
- **「政治交渉」**　選挙で選ばれた議員は、選挙期間中に表明した政策に責任を持つという暗黙の指令を選挙民から受けたことになる。
- **「組織交渉」**　取締役会は企業経営をＣＥＯ（最高経営責任者）に委任する。
- **「労使交渉」**　人事部長はＣＥＯの代わりに、組合指導者は労働者の代表として交渉する。
- **「法的交渉」**　弁護士がクライアントのために答弁し、交渉する。
- **「不動産交渉」**　物件の所有者が不動産業者に売却を委託する。

なぜエージェントを使うのか

エージェントを採用することで、プリンシパルは自分の時間を節約できるし、複数のエージェントを使えば、複数の交渉を並行して同時に進められる。他の利点は交渉の3要素（問題、人、プロセス）とリンクし、次の事項を含む。

「専門性」　エージェントは特定領域の専門家（弁護士、不動産業者、スポーツ代理人など）であり、当該問題を処理するリスクと機会を明確にする上でより良い知識を備えている。技術とノウハウを使い、与えられた指令の実現可能性について、適切な正当化規準を用いて助言を行う。たとえば弁護士が依頼人をサポートするのは、法的制約の範囲での交渉と「法の保護のもとで」の合意形成だ。[60] ビジネス上の契約であれば、会社法を専門とする弁護士には関連する商務や財務の知識に比較優位性があり、クライアントを守る条項を提案できる。

「ネットワーク」 エージェントは専門領域で得た評価により、その人ならではのアクセスのネットワークを築いている。諸団体が金融機関から融資を得るために有名なコンサルタントを雇うのも、そのためである。

「プロセス志向の技術」 買収合併を専門とするエージェントであれば、長く複雑なプロセスを管理することに慣れているので、そうした技術を活用すると取引コストを削減しやすい。

「戦術的および戦略的優位性」 厳しい交渉でも、エージェントは目の前の問題から比較的距離を置くことができる。直接影響を受けるプリンシパルよりは、特定の問題に引きずられて感情的になることがずっと少なくなる。そのため、プリンシパル本人では対処できなかったであろう状況で裁量を発揮することができ、価値を創出し、実行可能な解決に向かう作業に取り組める。

費用より便益が上回る場合は**「交渉コントラクト」**にメリットがある。だからこそ、コントラクトを結ぶ際には、考えうる最良の条件を整えることが重要なのだ。

指令による交渉の3局面

交渉者（エージェント）が他の人物（プリンシパル）の代わりに交渉するときは、以下の流れが大切になる。

- **「指示の局面」**　交渉する前に、エージェントは、プリンシパルを最良のかたちで代理するために明確な指令を与えられていなければならない。
- **「実行の局面」**　交渉の間は、エージェントは指令の実行方法はもとより、必要ならば途中でプリンシパルと調整する方法を知っていなければならない。
- **「フィードバックの局面」**　交渉の後は、エージェントは自分の措置がプリンシパルの期待と一致していることを確認しなければならない。

指示局面では指令を明確にする

指令にも、計画性、公式性、細かさにレベルの違いがある。これはプリンシパルの責任である。たとえば、住宅の所有者が売却する家の最低価格を決めれば、これが不動産業者の行動範囲を規定する。エージェントから指令が出されることもある。タレイランが外交でフランスの代表をしていた時など、自ら起案した指示の承認を求めることがよくあった。

プリンシパルとエージェントは別人格だが、両者の対話によって共通の道を形成できる。この段階は実質的に、プリンシパルとエージェントの間の交渉になる。ここで大切なのは、エージェントが対象となる交渉を最適に遂行するために、指令にある責務と制約をしっかりと理解することである。

実行局面では指令を交渉に移す

エージェントが任務と向き合う時に直ちに認識すべきは、やるべきこととやってはならないことである。指令という制約のある交渉には、多くの課題が生じる。情報が欠けていることもあるし、制約が多すぎて動きにくいこともある。

- **「指令が大まかすぎる」** プリンシパルに時間がないと、調整も性急になる。特定の問題への興味が薄いと、その扱い方もはっきりと指示されなくなる。「君に『白紙委任状《すべてまかせた》』を出す、信頼しているぞ」と言われたエージェントは「ほとんど情報がなく、指令が曖昧なまま、結果を出さなければならない」と解釈するかもしれない。この場合のエージェントは**「受託者《トラスティ》」**として、自らの良識で判断して動く。正確な指示を欠いた交渉では、こうした意思決定が交渉を膠着させかねない。
- **「指令が細かすぎる」** 「管理マニア」とでも呼べるようなプリンシパルが出す指示には、エージェントに自己裁量の余地がほとんど、あるいはまったくない。彼らのエージェントは**「代行人」**にすぎず、合意案の最後の句読点に至るまであらゆる動きをコントロールされる。そうなるとエージェントは山のような制約への対処で、立場主義に傾く。最初の提案の一語一句まで忠実に守らなければならないので、創造性は閉ざされ、プロセスも阻害されるようになる。

この2つは両極端の例だが、同じ結果につながる。エージェントが流れにはまったまま、厳密な指令に縛られるか、決定する権限の有無がわからず、交渉が膠着するのだ。そうならぬためには、現状を説明し話し合うために、必要に応じてプリンシパルに定期的に「確認を入れる」ことだ。

こうした極端な事態に陥らないようにするベストの解決は、エージェントが交渉の場で創造性を発揮できるような機動性を保てる**「十分な幅」**と、プリンシパルの基本的な目的と戦略に則した制約を明示した指令にすることである。

フィードバック局面

指令が初めから十分に明確化されていたか否かにかかわらず、交渉の終盤には、取りうる措置の承認を得るため、プリンシパルとの意思の再確認が必要である。

携えた合意案がプリンシパルの承認を得られない時に備えて、なぜそれ以上の内容が得難いのか、状況を詳しく説明できるようにしておかねばならない。必要なら、エージェントが交渉を続行できるように、指令内容の修正や拡大がいるだろう。

交渉中、特に合意が見えてきたら、エージェントは「受けた指令の範囲に解決案が収まっているか」の自主点検を行わなければならない。どんなに小さな疑問もプリンシパルに確認する必要がある。プリンシパルとエージェント間のコミュニケーション・ラインを開いておくことは双方にとって重要だ。それにより、取引の最後に、あるいは実行の段階で起きうる、ぞっとするようなサプライズも回避できる。

合意が権限の範囲に収まっているかどうかの疑問点をエージェントがすべて潰し、プリンシパルとのダブルチェックも済ませ、指令の記述に従って、合意締結に進める。ここで、プロセスが目標に到達したことになる。最後のステップは、エージェントによる報告である。これで目的が達成されたことが正式に確証されたことになる。

料金

プリンシパルとエージェントの関係について締めくくる前に、エージェントの料金というデリケートな課題に踏み込んでおこう。これがデリケートなのは、プリンシパルとエージェントの動機の違いが、対立だけでなく損害をもたらす行動につながる可能性があるからだ。[61]

- **「プリンシパルの動機」**は、時間的にも金銭的にも、最低のコストで、可能な最良のサービス、契約ないし解決を手に入れることだ。
- **「エージェントの動機」**は、交渉の締結によって得るものに関係してくる。エージェントは今後の交渉業務を確保するために自分の評判を維持ないし向上させ、時間対費用の効率を高めたい。

報酬構造そのものから発生する別の難題は、利益相反のリスクが上下することだ。たとえば、スポーツ・エージェントがある選手との契約を結ぶ際、それがきわめて低額の報酬であれば、契約額のずっと高い選手への業務ほどは熱心になれないかもしれない。だから、料金体系を選ぶときは、利益相反の予防のために、双方の動機を検討する時間をとるべきだ。もちろん、どの手法にもプラスとマイナスがあり、緊張が完全に取り除かれるわけではない。

◆ **「時間給」** エージェントの刺激になるが、時間をかけるほど総額が増すことは確かなので、不必要な行動も重ねることになるかもしれない。時間給はジェネラリストには好まれるが、エキスパートはとりたがらないのが一般的だ。彼らの専門知識によって解決が早まることがよくあるからだ。

◆ **「固定給」** エージェントを効率よく動かすインセンティブになるが、プリンシパルには当初の計画より内容を広げる誘因になる。たとえば、買収合併の仲介業務をするコンサルタントが、本来の契約には含まれていない作業を求められるケースである。

◆ **「成功給」** 目標達成が報酬支払いの条件になる。勝訴の場合にのみ料金を受け取る弁護士がこれだ。この方式はエージェントに結果を出させる強いインセンティブになるが、欠点もある。エージェントが妥結を優先すると、最高の解決を目指して価値を創出することに時間をかけず、プリンシパルにとって最適な成果になりえた機会を逃《のが》すようなケースである。

◆ **「複合給」** エージェントが時間給で支払いを受け、結果次第でボーナスがあるという方式。だが、このボーナスがコンフリクト要因になりかねない。特に、結果に関する明確な基準がなく、互いの **「経験による」** 判断で決められる場合である。

交渉コントラクトに潜む利益相反を管理するには、料金体系の適切な選択が鍵になる。こうした委任方式の全般的課題は、最小のコストで最大の利得を実現することだ。プリンシパルとエージェントが対等の立場で、信頼と透明性の環境を固めることに取り組むことが大切である。

エージェントをチェックする仕組み

プリンシパルがエージェントを管理する方法はさまざまだ。エージェントにしかるべき裁量を認める明確な指令を出す、コミュニケーション・チャネルを常に開けておく、必要なときには話し合いや最終決定に関与する、などである。

しかし、こうした様々な管理が増えると、不必要な硬直が生じ、逆効果にもなりかねない。エージェントの独自の思考を妨げ、交渉の場での価値創出を阻害しうるのだ。

管理過多のリスク

訴訟を処理するために、有名法律事務所から弁護士を雇った会社を例にとろう。会社の意向に沿って事件に対処するために、プロセスを監督できるよう、法務部はこの事案に社内弁護士を加えることにした。そうなると、費用が増すだけでなく、複数の弁護士が互いの縄張りを侵害するといった問題や緊張のリスクも懸念される。

プリンシパルの利益を守るためには、いつでもエージェントは解任されうるという事実もある。エージェントにとって、自分の評価の信頼性はキャリアの成功を左右する重要な要素である。プリンシパルとエージェントの間の緊張を和らげる方法があるとしても、緊張が完全になくなることはない。その緊張にうまく対処するには、その存在を認識し、外部との交渉の「前に」、自分のプリンシパルあるいはエージェントと内部で十分に交渉しておく必要がある。

多者間交渉(62)

交渉が「多者間」になるのは、論理的には、交渉の場の当事者が三者以上になるときである。諺は「二人なら気が合うが、三人では仲間割れ」という。構造的に言えば、三人がからむときは、二人が残りの一人に対して手を組む機会が生まれる。二者間の交渉と比べると、複雑さのレベルは明らかに高まる。多数の当事者と交渉するときに認識しておくべき明確な特質がいくつかある。

多者間交渉の課題

プロセスが行き詰まるリスク

当事者の数と交渉の場に出てくる難題の数は比例する。参加者四人で計画した会議に八人が出てくれば、潜在的な難度は2倍以上になる。たとえば、何を、いつ、議論するのか。情報はどう配布するか。誰が話し、時間はどれくらいか。このような状況でその場しのぎの対応をすると障害が増え、交渉の核心に行く前に、交渉を膠着させるリスクが増す。

プロセスに隘路ができないよう、項目ごとに時間を配分し、関係者に順番を与え、中断をおいたり部会を開く手続きのルールを定め、会議の終わりには書面で報告書を出す、といった詳細なアジェンダを整えて効率的な組織を準備する。当事者がこうした手続き上の規則に同意しておく、予備交渉の段階が必要になることは多い。国連やOECDも、多者間会議をどう管理するかについて、規約化した手続きを明文化している。

「ロジスティクス」も大切だ。第一に、多数の当事者を同じ時に同じ場所に招集するのは実に大変なことだ。GATTウルグアイ・ラウンドは加盟一二五か国による多者間協議で、一八か月の中断を含み、終わるまで八年もかかった。第二に、そうした会議を主催するには、警備、旅行、宿泊、マルチメディア設備をはじめ様々な消耗品も含むおびただしい項目を整えなければならない。

「参加者の選択」は、決して中立にはならない。誰を交渉のテーブルに招き、誰を排除するか。彼らの地位をどうするか（参加者かオブザーバーか）。現実的に、各発言者に配分する時間はどのように管理するのか。

「意思決定のメカニズム」は、多者間交渉ではまったく異なる事態になる。（コンセンサスが最も適した）正当性と（多数決が最も適した）能率性の間には、大きな緊張がある。二者間合意とは、定義では、交渉で出た解決策のうち当事者がそれぞれの動機が最も満たされると納得した合意である。同じ論理でいえば、多者間交渉は多数の当事者全員が同意すること、つまり全員一致である。それも不可能ではないが、到達は明らかに難しく、はるかに時間がかかる。では、解決案は一者でも同意しなければ、破棄すべきなのか。一部の出席者が同意した解決案も全員一致ではないから、排除すべきなのか。そうした合意案には不同意や見解の相違を「脚注」で付記すべきか。どういう方式であれ、意思決定プロセスについては時間がかかっても「事前に」合意をしておくべきだ。ここに時間をかけておくことが、後で多大な時間の節約になる。

コミュニケーションに潜む難題

多者間交渉では、交渉者は最終結果について発言を求められるだけでなく、議事録に求められることもある。大きな集団の前で話すとき、交渉者は代表の役割を意識して、自分の関係者にアピールするだけになることがしばしばある。それでは立場主義に陥るリスクが大きい。マスコミが中立ではないことに注意しておくのも大切だ。

マスコミ

元フランス首相ミシェル・ロカールは、国際交渉でのある経験を次のように描いている。[63] 参加者が会議室に揃う時には、もう全員がマイクを突きつけられている。「あなたの国のこれこれの独立性をあなたは放棄するつもりですか？」と記者が聞くと、「もちろん、そんなことがあるわけがない」と答える。交渉が終わったときに、その記者がまた聞く。「それで、あなたは何を譲歩したのですか？」「もちろん、何も譲るわけなどないだろう！」この状況そのものが行き詰まる構造になっているのだ。

協議が大衆やメディアの眼の届かないところで行われていても、交渉者は複数の当事者に同時に話をすることになる。そこでも、効果的なアクティブ・スピーキングを展開できるのか。実行は簡単ではない。他者を排除せずに、一者だけにメッセージを送ることなどできるのだろうか。複数の当事者を同時に説得できる完璧なコミュニケーション技術でもなければ、こんな難局は乗り切れない。

交渉に出席する参加者の数が多くなるほど、機密性のレベルは下がる。これには見かけ以上に大きな影響力がある。当事者に立場主義のアプローチを諦めさせるのも、相手の動機を理解するのも、ゲームに加わらせるのも、問題解決のアプローチを追求させるのも、すべては情報なのである。

問題の戦略的複雑性

二者間交渉でも問題は複雑なのに、多者間交渉では一気にその複雑さが増す。実際に、雑多な動機を持つ多数の当事者が、相容れない立場で乗り込んでくる。一部の当事者間に連携ができると、それに真っ向から反対する別の連携もできる。交渉での解決に傾く人たちがいれば、そんなのは論外だという人たちもいる。合意に至れないリスクが高まり、交渉外の解決に頼ろうとする傾向が大きくなる。だから、諸課題の複雑性を削減し、より管理可能なものにしていくことが必要なのだ。

メソッドを活用し、多者間交渉を効率化する

この難題に向き合う第一のステップは、本書の「メソッド」を習得することだ。厄介な課題はあっても、多者間交渉も**「ひとつの交渉」**であり、二者間交渉の基本は、多者間交渉でも役に立つ。「メソッド」の習得には、実務と分析のシナジーが必要である。特に、

- 直感的な行動の落とし穴（第1章）を着実に回避する。複雑な状況では、直感に頼る傾向が強まり、それは逆効果に作用する。
- 準備のための10原則（第2章）を活用し、慎重に準備する。交渉外の解決を詳細に分析することが特に大切で、多者間交渉の行き詰まりの良薬になる。[64] 関係についても良い地図をこれまで以上にしっかり描かなければならない。
- 明快で正確なプロセス（第3章）に従って、会議を組織する。

- 建設的なアプローチに集中し、複数の可能な解決案を生み出す（第4章・第8章）。
- アクティブ・リスニングとアクティブ・スピーキングに重点を置く（第5章）。
- 自分の感情をしっかり管理すること。グループでは、一人が苛立つだけで、他の人たちにもマイナスになる（第6章）。交渉で高ぶった感情も休憩をはさめば鎮められる。休憩をとることで、冷静になり、ルールを再交渉し、新しい人間を舞台に登場させる時間が得られる。
- 必要なら、調停者か司会者を見つけて進行を監督し本書の「メソッド」を実行するように頼む。中立の第三者の存在が、良い関係や効率的なプロセスを維持するために役立つことが多い。

連合形成と提携マネジメント

状況を詳細に診断するための戦略的分析

多者間交渉で良い成果を出す鍵は、多数の動機をできるだけ満たせるように、内在する複雑性を簡素化することだ。論理的には、多者間交渉を**「二人の当事者」**が**「ひとつの課題」**を処理する二者間交渉の連なりに変換するのである。**表7-1**は準備段階用として、各当事者の動機、相互の関係、交渉外の解決可能性を焦点にした戦略分析を示している。

- グレーの1からnの対角線の欄は、各交渉者の3つの主要素で、動機、指令、交渉外の解決策である。
- グレー以外のヨコの欄は、接触する相手の知覚を示している。たとえば、交渉者1とその相手になる交渉者2との関係はどうか。交渉者2の動機をわかっているか。こちらが提案できる解決は

表7-1　多者間交渉の分析

	交渉者1	交渉者2	交渉者n
交渉者1	**動機** **指令** **交渉外での解決**	**1から2** 関係 交渉での解決 コミュニケーション	**1からn** 関係 交渉での解決 コミュニケーション
交渉者2	**2から1** 関係 交渉での解決 コミュニケーション	**動機** **指令** **交渉外での解決**	**2からn** 関係 交渉での解決 コミュニケーション
交渉者N	**nから1** 関係 交渉での解決 コミュニケーション	**nから2** 関係 交渉での解決 コミュニケーション	**動機** **指令** **交渉での解決**

何か。開示すべき情報、また獲得すべき情報は何か。
- グレー以外のタテの欄は、感情の移入を促す。たとえば、交渉者1であれば、交渉者2の視点に自分を置いて、相手から見た両者の関係はどうか。相手はどんなタイプの解決案を出してきそうか。相手がこちらに明らかにしそうな情報あるいは求めてきそうな情報は何か。

この分析は、交渉の進行中に獲得できる新しい情報で更新する必要がある。それで状況の全体像が見え、戦略的連合も生まれやすくなる。

連合には強弱の違いがあることを忘れてはならない。強い連合は、当事者が共有する主要動機を中心に形成される。共有している優先項目によって当事者間の結束を促すので、維持するのが比較的容易である。逆に、二次的な動機が中心になる弱い連合は、時間がたつうちに結束がゆるみやすい。

デカルトの4準則による連合マネジメント

第3章では、多者間交渉に入る前に、正式な交渉に先立って非公式の会合を持ち、連合を組むべきだと述べた。そうした会合は、計画的に管理しなければならない。ひとつの課題をある当事者とどう扱うかを決めたら、別の課題を別の人とどう扱うかを決める。この作業が続く。連合体の均衡を維持するためには、当事者全員に様々な点の確認と再確認を行い、たがを締め続ける必要がある。

デカルトが『方法序説』[65]の第二部で述べる4つの準則は、多者間交渉に携わる現代人の指針になるのだ。

◆準則1 **「疑え」** 交渉者はこれまで以上に、問題をあらゆる次元から徹底的に調べなければならない。自身を含め、当事者間に潜むすべての先入観を問い直し、立場主義の落とし穴を避けなければならない。問題やコンフリクトを解決するには「あらかじめ仮定された」回答は避けねばならない。

◆準則2 **「分析せよ」** 多者間交渉で当事者の数が多くなる複雑な状況では、いかなる質問も、コントロールできるパーツに分割しなければならない（**表7-1**）。この分析局面は、「有力な当事者」と、そうした有力者の動機を使って自分たちの動機を満たそうとする人や、さらに「従属的」な人や「独立的」な人を区別するのに役立つ。

◆準則3 **「統合せよ」** 交渉者は、より複雑な課題に当たる前に、最も簡単な項目からスタートすべきだ。問題解決という主目的を心に留めつつ、行き詰まりになりそうな項目をスキップすることも極めて重要である。また、より多くの人を連携に呼び込み、連合体を大きくすることも必要である。

- 準則４「**列挙せよ**」　最終ステップでは、話し合われた解決案に、重要な当事者や大切な側面が取り残されていないかを確認する。様々な点やステップをすべて何度も確認し、全員が合意全体に加わっている意識を持つようにすることが大切だ。

多文化間交渉

国際化の到来により、多文化間の交流は、すでにわれわれの日常生活の一部になっている。本書の多文化間交渉の議論の一部は、われわれのメソッドを共有し、磨く機会となった一〇〇か国以上のリーダーとの議論をベースにしている。もちろん、文化は奥が深く、一章で扱いきれる対象ではないので、関心のある読者は、この領域の文献をさらに読み込んでいただきたい。[66]

どの交渉でもX文化の交渉者のペアの結果がY文化のペアの結果と似る傾向があるとか、ある文化は他の文化より交渉では必ずしも効率的ではないなど、交渉の手際については頻繁に議論される。交渉の場で、ある文化が他の文化よりも価値を生み出す傾向があるという調査[67]もあるが、この「価値」にも主観は入る。われわれが異文化の相手と実際に交渉すると、同じ文化アイデンティティを共有する相手との交渉よりも劣る結果になる。ある文化が他の文化よりも交渉実務に優れているとは言えないが、単一文化の交渉よりも多文化間での交渉が複雑になることは確かだ。

交渉における文化と国境

『X国で交渉するための10の教訓』といった類の本には、「ブラジル人はこうするし、日本人はああする」といった文化の違いに関するエピソードが満載だ。奇妙なことに、こうしたアプローチを唱える人たちは、紹介するエピソードを自分**「自身」**の文化には決して適用しようとしない。そうしたアプローチにも利点がなくはないが、ここでは別の立ち位置をとってみよう。

収束は拡散に勝る

交渉への文化の影響は、いくつかの理由で過大評価されている。第一は、決まり文句による文化描写だ。多文化間交渉に関する議論は、交渉者の行動と出身国への固定観念に縁どられていることがある。陳腐な決まり文句は、実際にははるかに複雑なことを単純化しているから目立ちやすい。過度に単純化する還元主義は、戦略を組み立てるためには安定した置き石になるが、本来は存在しない「典型的なアメリカ人」とか「典型的なフランス人」という誤った基盤がさもあるかのようにイメージさせる。こうした認知バイアスは避けなければならない。

交渉での文化差が過大評価されている第二の理由は「予言の自己充足」（第5章）と関係している。

たとえば、自分がある文化出身の交渉者を競合的だと思っていると、その人との交渉では、こちらが協力的姿勢を欠き、競合的になる傾向がある。すると、本来はそうではなかったかもしれないのに、相手もこちらの行動に合わせて競合的に行動し始める。ここで、思った通りだ、と**「予言は充足される」**のである。

第三の理由は、国際化が**「文化的調和」**さらには同質化を伴う傾向と関係する。交渉学の領域では、アメリカ的な交渉教育手法の浸透によってこの現象が進み、交渉用語や交渉行動は、文化差が薄れるほど標準化が進んでいる。

それに、そもそも文化変数は非常に相対的なのだ。われわれはみな**「複数の文化圏」**に属しており、文化的国境は単なる国籍を超越している。

複数文化のアイデンティティ

国籍とは別に**「地域的な文化属性」**を考えることも大切だ。アメリカ人といっても東海岸出身者とテキサス出身者では違いがあるし、カリフォルニア出身者はさらに違う。同じことがフランスにも言える。歴史学者フェルナン・ブローデルは著書『フランスのアイデンティティ』で、フランスの多様性を指摘している。たとえば「フランス人の交渉者」といっても、マルセイユの交渉人、パリの交渉人、フランス系アルジェリア人の交渉人など各種の特性が隠れている。

「専門職文化」を考えることも同じように大切だ。受けた教育から職業経験まで、われわれは交渉へのアプローチの仕方をめぐって、固有のものの見方、選好体系、規準、特定の行動を習得している。弁護士はコンフリクトと法的リスクに関する知識から、どんな合意でも条項の保証に特に細かな注意を払うし、技術職と販売職の間の交渉では、とる交渉戦略はかなり違ってくるはずだ。であれば、ドイツ人外交官とイギリス人外交官の交渉より、カリフォルニア出身のソフトウエア技術者とテキサス出身の弁護士の間の交渉の方が「文化差」が大きい、ということもあろう。

A市とB市間の道路建設

A市とB市の間の最適ルートという問題が出されれば、数学者は、最短距離は直線だと言うだろうし、土木工学者は技術的に実現可能で、印象的な橋も加え、自分の専門能力を引き立たせるルートを選ぶかもしれない。経済学者は別で、長くても単純でコストのかからないものを、弁護士は区画規制を考慮して路線を引き直し、C市の市長は、C市の住民にも役に立つようにと修正を求め、住民委員会の代表は道路が個人の所有地にかからないようにと新しい修正案を出すかもしれない。こうした異なる動機を持った多くの当事者間の交渉は、まさに多者間での多文化にわたる交渉になる。

また「組織文化」や制度も固有の交渉方針を形成している。たとえば、国際金融基金で一〇年間仕事をしてきたあるパキスタン人とスウェーデン人は、それぞれの母国の文化よりもこの国際機関の文化に根ざした交渉行動を身につけていた。

そして、出身国や地域、職業の主要特性をさほど反映せずに、その人の好みや性格に応じて、およそ型にはまらない行動を示す**「根本的な個別性」**がある。

こうした複数の文化アイデンティティをもう少し解明するために、関係性における形式主義の度合いを考えてみよう。交渉における形式志向の程度を測るために、〇（形式にかまわない、まったく気取りがない、遠慮しない）から一〇〇（とことん形式にこだわる、距離感を重視する、洗練された儀礼主義）までの尺度を想定する。ある文化が他よりも形式性を重視するのはわかっているが、変数が多すぎて実際には測定が難しい。そこで仮に次のような幅をおいてみよう、フランクな米国は二〇－六〇、フランスは四〇－七〇、敬語や席順にやかましい日本が五〇－九〇。御覧のように、これらの数値には重複があるものだ。アメリカ人はフランス人ほど形式にこだわらないという説は一般論としては頷けるとしても、「平均的な」フランス人よりも形式を重視するアメリカ人が必ずいる。ある文化の交渉者の形式主義も、背景と人物に依存する傾向が強くあるのである。

交渉の文化差をどう解釈するか

文化差を単純な決まり文句で済ませるのは、論外なのだが、特に交渉では、相違点を分析する必要性を認識する役には立つ。たとえば、文化人類学者クリフォード・ギアツ[68]が解釈の**「薄さ」**と**「厚さ」**

を区別している。**「薄さ」**は特定の行動（片目の瞬き）の外面的記述である。**「厚さ」**には行動の解釈（片目をつぶるのは共謀か同意の意）という意味づけが含まれる。交渉でも以下のような文化要素の違いを識別しておくことが大切だ。

- ある国の法的、経済的、政治的諸制度のような証拠や記述可能な要素（薄さ）。
- 解釈を要求され、習得がきわめて難しい要素（厚さ）で、正式な証拠はなくとも、交渉の環境に浸透している価値観、人々の選好、伝統など。

交渉で能力を要求されるのは「厚さ」の方だ。これを明らかにするには、2つの類型学が有効である。ひとつはホフステード[69]によるもので、文化変数を四分類する。

- **「社会や組織の中のパワー距離」** パワーは不均等に配分され、社会の特定階層に集中しているかもしれない。パワー距離がある社会では、パワーが正当化基準を凌駕し、バランスを欠いた合意も全体として受容される。交渉者に意思決定の権限があるのはまれで、プリンシパルや指令が重んじられる。パワー距離が小さい社会では、合意は正当化基準に準じなければならない。こちらの交渉者は、交渉の場で解決を提案する自由度が高い。
- **「個人主義と全体主義のバランスないし個人と集団の相対的比重」** 個人を中心に構成される社会もあるし、共同体を重視する社会もある。前者は、社会的規範が少なく、個人は自らの諸関係を思い通りに形成する。交渉の観点から見ると、直接的な対決がかなり受容され、プロセスは比較的非公式で関係の形成は容易だが、長期性にはさほど関心が払われない。後者では、生活は集団的で、体系化された規範と規則を中心に構成される。個人はネットワークの一部とみなされ、家族、友人、先祖、会社、村や国と密につながっている。交渉では、プロセスの形式が重視され、関係性が非常に重要で、長期的関係を基本にする。

◆ **「不確実性との関係」** 社会によって、リスク、不確実性、不安定性の許容度が違う。不確実性が珍しくない社会では、交渉者は頻繁な変更にも動じず、相違点には価値を見つけ、関心を持って受けとめる。そうではない社会では、交渉者は永続性、調和、安定したルールを好み、相違点は脅威になる。

◆ **「男性的社会対女性的社会」** ホフステードは「男性的」社会とは性別が明確に区別されているところで、「女性的」社会とは性別の境界が不鮮明なところ、としている。前者では、競争や対立は肯定的に見られ、金銭や物質的側面が優勢になる。強く、迅速で、力があることに価値がある。後者は、協調や調和を好意的に見て、人間関係や生活の質を求める社会である。

以上の四分類に第五、第六を追加しよう。まず**「モノクロミック」**文化と**「ポリクロミック」**文化を区別する**「時間との関係」**である。(70) モノクロミックな文化では、時間は線形で認識され、連続体で、特定の行為を中心に体系化される。ポリクロミックな文化では反対に、時間は伸縮自在なものとして認識される。個々の瞬間は、他の瞬間と同時に増幅する。関係性が舞台の中心を占め、時間は完全に背景に退く(71)。

友人と会う

約束の場所に向かう途中、ある友人と出会う。モノクロミックないし逐次的《シークエンシャル》な文化では、これは間の悪い瞬間だ。予定には遅れたくないからだ。軽く挨拶して、この友人には時間を決めて後で会おうと言う（「明日、午後一時にどう？」）。ポリクロミックないし共時的《シンクロニック》な文化では、時間をかけて友達と話し、約束の時間はほとんど気にならない。会議に少し遅れて着いても、相手も別の用事で忙しくしているかもしれない。会議が予定より少しくらい遅れて始まっても不都合とは感じないはずだ、と。

本書の「**メソッド**」は、この2つの時間感覚を組み合わせ、とるべき行動の流れをおさえつつ、複数の配列を並行させる。たとえば、交渉者が価値の創出に集中するときは、想像力にまかせて、できるだけ多くの選択肢を出すようにする。内容の評価は後から行う。話す前に聞く重要性を常に心に留めている。優れた交渉者は、ひとつのタスクだけに集中せず、とるべき行動を順序よく配列している。

次に加えるのは6つの「正当化の領域」だが、これを活用し、相手の視点を「**専門性と社会背景**」(72)から把握するのである。この社会学上の大きな展開は、誰しもある視点に立ち、当人の選好体系を基準にし、特定の正当化規範や価値観、希求水準に基づいて話している、という事実を強調している。交渉でも考慮に入れるべき分類である。

◆ **「着想の領域」** 個人と想像力からなる私的な領域。すべては動き、変化する。特別なコンセプトはない。キーワードはインスピレーション、直観、空想。

◆ **「家族の領域」** 人間関係、安定性、永続性の領域。個人は特定の階層体系を通じて互いにつながっている。キーワードは家族、伝統、社会的礼節。

◆ **「オピニオンの領域」** メディアが拡散させる情報の領域。人々を動員することを奨励する。キーワードは名声、同一視、説得。

◆ **「市民の領域」** 規則を中心とする組織制度の領域。個人は権利と義務の間に存在する。『法の精神』で三権分立を説いた一八世紀のフランスの啓蒙思想家モンテスキューの世界。キーワードは代議制、共同体。

◆ **「経済の領域」** 市場によって調和が保証される競争の領域。経済的利益が大事を決める。人間関係とは取引なり。『国富論』で「見えざる手」の機能を指摘した一八世紀の英国の経済学者アダム・スミスの世界。キーワードは価値、富、価格。

◆ **「産業の領域」** 科学的方法、生産、技術の領域。個人の尊厳は生産能力とリンクする。富の生産の促進が社会の重要な任務だと説いた一八―一九世紀のフランスの哲学者サン-シモンの世界。キーワードは能率、進歩、管理。

この6つの領域から眺めることで、交渉相手の文化的背景への理解が進む。交渉者が会社を代理して話すときは、経済や産業の領域における自社の評価に言及するだろうし、ホテルのフロントで交渉する旅行者は、着想や家族の領域に触れよう。

コミュニケーション・チャレンジ

多文化間交渉での難関はコミュニケーションである。文化障壁にぶつかると、コミュニケーションの流動性が失われ、職業的な特殊用語や異なる言語がからめば、流れがさらによどむ。また、どんな状況でも、コミュニケーションには言語的側面や発声言語だけでなく、非言語的側面やボディ・ランゲージも作用する。

言語障壁

言語が交渉の障害になる状況がいくつかある。

- 互いに共通言語を持たず、通訳を使わなければならない。
- どちらも相手の母語を話さないが、第三言語、たとえば英語は話す。
- 一方が相手の言語を理解し、その言語で交渉してもよいと言う。
- 母語ではないが、どちらも相手の言語を話す場合は、次のいずれかに決める。その2つの言語からひとつを選んで、交渉を行う。各々が自分の言語を話す。あるいは第三の、より中立の言語を選ぶ。

どの状況でも、話し合いに使う言語を習得している交渉者に優位性がある。ニュアンスが使え、見解を正確に表せるからだ。しかし、この優位性もあくまで相対的である。一方の交渉者側に誤解が生じれば、双方の交渉者に問題が生じる。一方が使っている言語に不安を感じれば、合意案に疑念が生まれるし、成立も難しくなろう。誤解のリスクを最小にするという方針で、言語の問題は扱わなければならない。一方が圧倒的に流暢だという言語を選ぶべきではない。その言語が得意な方が自己過信に陥れば、交渉を圧倒しても、任務の範囲を逸脱しかねない。

使用する共通語が一致するのが理想的だが、必要なら通訳を使うことも認めることだ。いずれの場合でも、相手の母語を尊重して、少しでもその言語を話す能力を持つことも大切である。

言語と文化多様性

二〇〇一年、アテネで一二か国の元首を集めて会議が開催された。フランス首相は有名な言語学者クロード・アジェジュ教授に、文化多様性を称え、これを促進するのに必要な手段を提唱することを依頼した。アジェジュ教授は参加一二か国の国語すべてを使ったスピーチを行った。英語はもちろん、ズールー語、スウェーデン語、ギリシャ語も使い、出席者全員に好印象を残した。

慣習

コミュニケーションは言葉だけでなく、ボディ・ランゲージ、振る舞い、慣習や習慣などの非言語的側面も含む。そして次の例のように基準も変わる。

ＥＡＤＳ

ＥＡＤＳ（欧州航空防衛宇宙社）創設のためのフランスとドイツの交渉では、ドイツ側は常に時間を守り、携帯電話も鞄にしまっていたが、フランス側は常習的に遅刻し、会議中に携帯電話を鳴らすもの、という定評がついた。

慣習や習慣の違いは、交渉では必ずしも克服できない障害ではない。十分に準備することで対処できるはずだ。

フランス＝日本の2つの経験

日本からの来賓の滞在期間中、ＥＳＳＥＣ経営大学院の前学長が贈り物の交換に参加した。日本の慣習をしっかりと予習していたので、受け取った贈り物はすぐには開けなかった。しかし、日本からの訪問者は、フランスの習慣をしっかり予習していたので、目の前で開けてしまった。

文化に適応しようとする努力が必ず報われるわけではない。著者の一人は日本への出張中、聞いていたことを実行に移した。麺を食べるときにちゃんと音をたてて、満足の意を示そうとしたのだ。後から知ることになったのは、同じ麺でも、スパゲティを食べるときに音をたてるのは品がない、とのこと。

慣習についての最良の助言は「郷に入れば、郷に従え」である。しかし、これにも注意が必要だ。次のことを自問すると良いかもしれない。どうすれば交渉相手の文化に溶け込めて、相手が好ましく感じてくれるのか。自分が続けても相手が受け入れることは何か。ここに正しい規則などはない。ひたすら思慮分別をめぐらせ、鋭い観察眼を持たなければならない。

多文化間交渉と方法論

会うのが中国人であれメキシコ人であれ、相手は「人」である。多文化間交渉も、とにかく交渉なのだ。人と人との間でなされることであればこそ、相違点も克服できる。今まで論じてきた原則と方法をここでも適用しよう。これらの原則を習得することによって、交渉者が多文化の交流という複雑性に取り組める。

準備せよ、そして何よりもまず耳を傾けよ

準備の10原則はどのような文脈にも有効である。予測と準備によって、相手の文化的背景について

重要な情報を集められる。より大切な慣習や習慣を少しでも理解し、場合によっては相手の言語を少しでも身につけておくと、初めから良好な雰囲気のもとで関係を築くのに役立つ。

アクティブ・リスニングが真価を発揮するのが、多文化の状況である。偏見や認知バイアスの坂道を転げ落ちるのを避けるには、ありきたりの表現や固定観念や先入観を外して、よく耳を傾けることだ。アクティブ・スピーキングは自分のメッセージを明確にし、コミュニケーション・ギャップが潜んでいても、誤解を避けるのに役立つ。

ブルンジでの用語の選択

ブルンジでの対立解決セミナーの間、著者の一人は「調停人」と言う代わりに、現地のキルンジ語「バシンガンタへ」を使うことを決めた。賢明なピースメイカーを意味する言葉だ。西洋の概念をただ輸入するのではなく、現地の古来の制度である「バシンガタへ」への尊重を示したのである。

文化の狭間で性急な判断をしてしまわぬためには「5つのR」[73]が大切だ。

◆判断するときの自然な傾向を**「認識する recognize」**。われわれは「これは典型的なドイツ人の態度だ」とか「典型的な保守主義者の」、「典型的な教師の」という言い方をいとも簡単にしがちである。考えずに人にラベルを貼り、とりまく複雑性を処理するために無意識に行動する。これを認識し、「おやおや、また決めつけてしまっている」という反射的内省を育てることが大切だ。

◆判断しそうになるのを**「抑える refrain」**。判断する前に少し距離をおき、疑うことで得られる省察を相手にも及ぼすよう努める。

◆自分の中にある「外国人」的態度をもう少し親しめるかたちに**「見つめなおす retrace」**。相手を自分とはずいぶん違うと決めつけるのは、相手が形式的過ぎる、やたら競争的だ、あまりにも礼儀を失しているなど「多過ぎたり、欠けている」部分にばかり目が行っているからだ。他人を判断する前に、自国の文化、態度、選好について自ら省みることが大切だ。自国民も自分も、形式張っていて、非常に競争的かもしれないのだ。

◆自分の態度を**「改める reclaim」**。自分が相手と同じ態度をとった瞬間を思い出せると、自覚が生まれる。必ずしも認めたくはない行動をいちいち振り返るのは心地よくないので、ふだんは思い出そうとしない。自分にも相手とあまり違わない部分があるのを受け入れられた瞬間、対人関係や異文化でしかるべき成長が生まれる。

◆**「新たな姿勢で臨む resurface」**。以上のステップを踏み終わると、新しい展望を持って交渉の席に座りなおせる。相手は自分とそう違わないことがわかれば、微笑さえたたえられよう。会話を続け、相手と気持ちを通わせるのがずっと容易になる。

「5つのR」は、相手をよく理解することだけでなく、自分自身を肯定する必要性も示している。その要諦は、いかなる状況であろうとも、交渉の基本形を押さえることにある。

必要なときは、誰かを同行させよ

言語に関する難題の一部は、通訳を同行することで解決できるが、成功を保証するわけではなく、考えるべきいくつかの要素が残る。

- 通訳は（ヘッドフォンを通じて）同時なのか、遂次（交渉の場に同席し、各々の発言の後に通訳する）なのか。後者は交渉の時間を倍増させるが、意味が明確ではないときに、確認の質問ができる。
- 何人の通訳がいるのか。当事者が各々の通訳を連れてくるかもしれないが、一般的には交渉では、ホスト側の通訳が使われる。この場合には通訳の公平性と裁量という問題が出てくる。
- 必要とされる専門水準の能力が通訳にないことがある。特に交渉が技術に関する内容や複雑なときには、これを想定しておく必要がある。

最高の通訳は**「文化の調停人」**の役割を果たす。双方からの信頼もあつく、単なる言葉の翻訳の先を行く。彼らはアクティブ・リスニングを使い、双方が相手のメッセージを正しく解釈しているかを確認する。

フランス語とドイツ語の通訳

ジスカール・デスタンとフランソワ・ミッテランという二人のフランス大統領の通訳を長年務めたブリジット・ソーゼはまさに「文化の調停人」だった。彼女が見事な手際で仏独関係を捌いたので、後にドイツのゲアハルド・シュレーダー首相の顧問として採用された。

究極の選択は、文化的な背景とあなたを理解して、交渉の席であなたを代弁してくれる人を選ぶことである。

多くの交渉が多層で、多者間で、多文化だという事実をあらためて強調しておきたい。外交の場では当然だが、ビジネスの場でも「コーポレイト・ディプロマシー」という言葉がある。プロジェクト・マネジメントは必然的に多層になるし、事業のグローバル化やクロス・ファンクショナル・チームはごく自然に多文化になる。

職能横断型プロジェクトチーム

ルノー・日産のカルロス・ゴーンCEOは、フランス企業のルノーが日本の日産を買収したとき、早々に、文化交差型で職能横断型のプロジェクトチームを設置した。チームは日仏の技術者、営業、開発、管理職があらゆる文化境界を横断して結成され、成功を収めている。

多文化の状況では、「観光客」的な態度を避けることが大切だ。言い換えれば、徹底的に準備し、文化的背景を理解せずに交渉の席に着くことがあってはならないのだ。海外旅行中に、自分の生活様式を現地人に押しつけよ、などとは、どんな旅行者にも助言できないはずである。逆に、経験豊かな旅行者を模範にすると良い。新しい経験を求める真の関心があり、どんな新しい環境とも調和して生活しようと努力する習慣を学んでいる人たちだ。方法を学び応用する旅行者の姿勢は、交渉の席はもとより、その交渉以外でも多数の相手と向き合い、変化し続ける状況に対処し、新しい戦略策定を担う交渉者にも必要なのである。

第8章

締めくくる「前に」合意を形にする

交渉の成果をどう収穫するか

交渉を始めるときの技術《アート》があるように、交渉を終えるのも技術である。議論が長引いて出口が見えなくなり、時間切れで、物別れに終わる交渉も多い。できることはもう何もなく、セッションで何が前進し、何が膠着要因で、何を合意しえたのかも明らかにならぬまま、みんな席を立ち、別れを告げることもある。何もかもが先送りになる。それも、次があれば、の話だ。こうした進め方では、交渉者の意欲は落ち、セッションの意義を疑い出す。何かを決めるということも眼中になく、ただ議論のための議論に時間をかけるだけでは、ただの**交渉マニア**にすぎない。

だが交渉とは、合意するか合意しないか、意思決定の最終段階に向けて動くためのものだ。最終段階にたどり着くのに一回の会議で十分な交渉もあれば、会議を重ね、その都度、達成したことを活用しないと、合意可能なところに到達できない交渉もある。さらに、会議の成果はどう収穫するのか、どうすれば効率的に結論を出せるのかという課題もある。最後の章は、この問いを考える。合意を正式なものにすること、そして、かなり非公式な延期から関係を見つめ直す意義も検討する。

交渉セッションの結果を評価し、正式な形にする

交渉の最終局面では、3つの問いが出てくる。第一は、合意案を検討するのに、早すぎも遅すぎもしない、適切なタイミングはいつか。第二は、合意案を受け入れる前に、内容をどう評価するか、言い換えれば、合意の質はどう測定できるのか。第三は、合意はどのように正式化すべきか。特に当事者がコミットメントのレベルを調整する必要を感じている場合にはどうすべきか。さらに、完全で具体的で確定的な合意がその時点で適切でない場合はどうするか。

合意を考えるべきタイミング

合意案を検討するのに適切なタイミングを、第3章の流れに沿ってまとめたのが図8-1である。合意への理想的な道はじょうご状になる。アクティブなコミュニケーションを通じて動機を探り、価値を創出する解決案を求め、その価値を分配し、最後に、必要があれば、正当化規準を適用する。こ

図8-1　合意への理想的な流れ

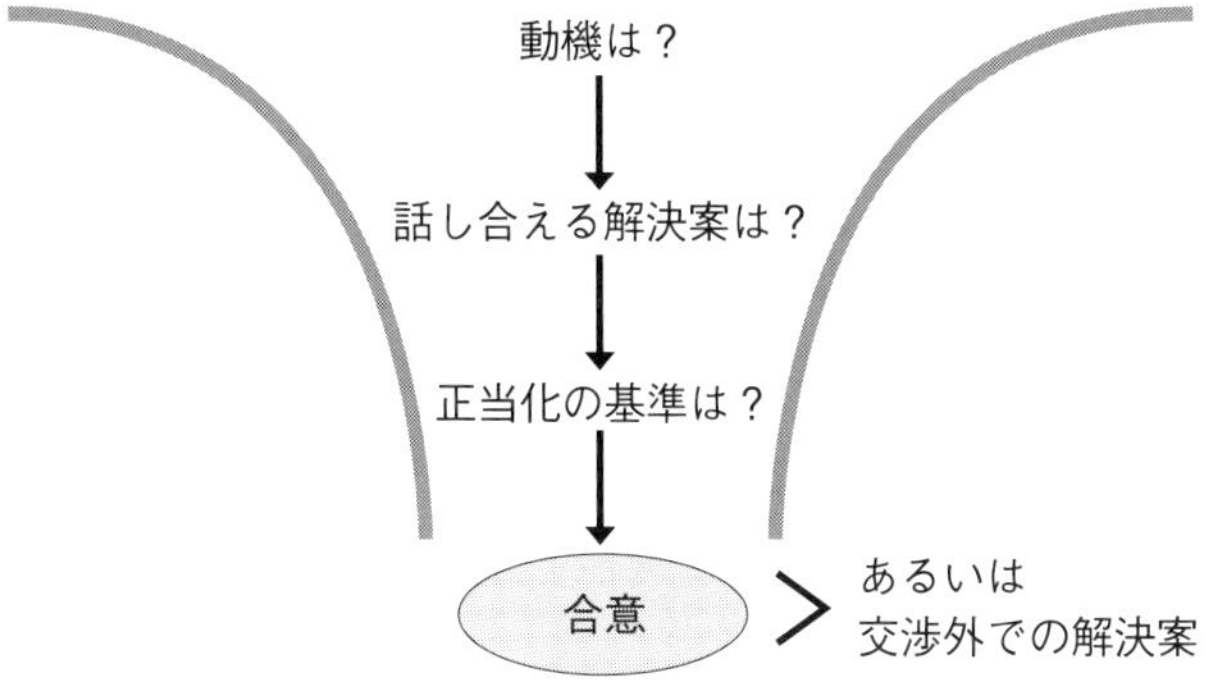

れらの規準は**「潜在的な解決案の量」**を絞り、当事者全員が受け入れうる**「質の高い解決」**を割り出すのに役立つ。ここまで来て、内容が各当事者の交渉外の解決より良い場合に限り、交渉をまとめることができる。

もっとも、この流れが、合意に達するのに**「最良のタイミング」**を示しているわけでない。ここで必要なのは、第1章で述べた2つの直感の落とし穴を予測し、回避して進む能力である。第一の直感の落とし穴は交渉マニアのバイアスで、合意案に賛成か反対かというコミットメントを何度も保留したり、**「延々と」**交渉したりしたがる傾向である。浅薄に思われるのを気にして、多くの交渉者が「その場しのぎの」コミットメントを警戒している。そうなると、あらゆる事細かなことを作戦だと思い、何に対しても「イエス」と言うのを拒む。しかし、何らかの中間的な合意形態であれば、性急な確約をなさずに交渉を維持しておける。そうした中間的な合意なら、結果に対する責務を確定させずに、交渉を結実させるように導く手段になる。

第二の落とし穴は**「早計な締結」**で、初めに出てきた合意案を吟味の余地のあるまま受け入れてしまう傾向である。ゴール・ラインを慌てて踏んではならない。相手の（時には自分自身の）隠れている目的（動機）を探しきらず、解決案の探求に創造力を発揮しないのも大きなリスクだ。当事者間の関係が希薄なうちに分配に関する緊張が増せば、価値をテーブルに残したままになりやすい。ラ・フォンテーヌの寓話『ウサギとカメ』[74]と同じだ。スタートで飛び出しても、準備がなく、目的地への適切なルートに注意せず、感情も抑えず、相手に耳を傾けなければ、進路がふさがり、「明白なことよりも本質的なこと」に時間をかけた人に簡単に追い抜かれる。

問うべきは「交渉にもっと時間をかけたら、それに見合う新たな価値を創り出せないか」である。創造性を発揮し、より多くの選択肢を探索するために、**「決めない」**時と、実際に**「決める」**タイミングを識別しなければならない。

リシュリューとジョゼフ神父

リシュリューは交渉に創造的に臨むことで知られていた。多数の可能性を想定する能力を備え、熟慮を重ね、検討しすぎ、そのために決められなくなることもしばしばだった。カリエールによれば、リシュリューはそうしたときに、彼の悔悛の告白を聞くジョゼフ神父と語り合うのを習慣にしていたという。その対話から、選択肢を比較し、ひとつに決め、実行に移したという。

われわれは2つの相反する傾向に気づかなければならない。ひとつは、イメージに支配され完璧を期するあまり、ぐずぐずして構想を実行できなくなること。もうひとつは、決めることに追われ、軽率になることだ。つまり、「正当化する」ことなしに「イエス」と言うのをこらえることと同時に、十分に思慮を重ねた後は、適切なタイミングで「イエス」と言えることが大切なのだ。

なぜ合意を受け入れるのか

見込みのある合意案を受け入れる前に、必ず内容を評価する。「イエス」と言うタイミング、特に「**なぜ**」と問うべきタイミングを判断するための規準がある。コミットメントに値する合意か否かは、第1章の「**準備の10原則**」で確認できる。

1 「**人間関係**」 合意の可能性が、当事者間の関係を維持し、向上させる。合意成立の見込みも含め、交渉プロセス全体がこれに影響している。合意が長期的に関係を良くし、将来の話し合いを促す。

2 「**権限**」 縦の関係がある場合は、合意案はプリンシパルとエージェントの双方の求める制約条件を満たし、両者間の利益相反を回避すること。

3 「**利害関係者マップ**」 交渉がその場にいない人にも影響する場合は、合意案が彼らについても最大限に配慮していること。

4 **「動機」** 提案されている合意案が、交渉者の明確な動機にも暗黙の動機にも応え、自分の動機を満たし、相手の動機も満たす。

5 **「交渉での解決」** 合意にまとめられる解決案は、できうる限り多くの価値を創出していると同時に、現実的である。技術的に実現可能で、必要ならば、専門家による承認も含め、しかるべき保証を有していること。

6 **「正当化規準」** 予測される解決案に、明確な正当化規準の裏づけがある。さらに分配の選択も正しいと認められなければならない。最終的な結果が双方の交渉者にとって正当化しうるものであるほど、各々の関係者を「納得させる」のが容易になり、合意が維持されやすい。合意の正当性は、当事者が合意案を適切に実行する確率を高める。

7 **「交渉外の解決」** 当事者が提案している内容が、交渉外のベストの解決の内容より、満足度が高いこと。交渉での解決が、交渉外の解決より好ましい内容であるほど、価値がある。

8 **「組織」** 合意に、それを実行する様々なステップが正確に記述されている。当事者が約束を守るのが難しくなった場合に、話し合いを再開する簡潔な計画も定めておく。

9 **「コミュニケーション」** 当事者双方が、義務と権利として何を具体化するかが合意内容に明記されていること。これらの細目が誤解のリスクを最小化する。なされるべきことが明記され、事前に明文化されているとより良い。

10 **「ロジスティクス」** 合意案が最終的な正式の承認を想定している。誰の署名が必要か（エージェントにその権限があるのか、プリンシパルに求める必要があるのか）。いつ署名されるべきか（最も象徴的なタイミングはいつか）。プリンシパルの承認を待つ必要があるか。いつ、どのように署名を行うか（中立的な場所が必要か。その場合は第三者の前か、公開か、メディアの前か）。

このチェックリストが合意の質の総合的な判断を補助してくれる。この大切な段階では、合意の質はその**「持続可能性」**で決まる。提案されていた合意内容が、この10項目すべてを満点で通らなくても、交渉者の選択肢は二者択一でなくてよい。「合意案が完璧ではないから、いかなる合意もありえない」と考える必要はない。新たな交渉セッションでこの合意案が改善されるかもしれない。そうならなくても、交渉者は「イエスかノーか」という思考は避けられる。コミットメントは、合意可能な範囲のなかで修正できる。

どんなタイプの合意か

コミットメントを調整するには、さまざまな合意方法があり、交渉当事者の責務や制約のレベルによって変わる。以下は、そうした合意の主な形である。最も強いもの（内容への焦点）から、最も弱いもの（プロセスへの焦点）の順になっている。

条件付契約《コンティンジェント・コントラクト》

うまく進んだ交渉が終わりに近づき、合意成立が見えてきたら、当事者は起こりうる将来の相違や未知の要因も考えたくなろう。ランダムな変数やリスクを持ち出して合意に水をさす必要はない。逆にそれらを取り込んで、必要な場合には、合意の枠組みを手直しできるようにする。そのためには、予期せざる現実に先手を打つ条項を合意に追加すると良い。

- **「予備条件」** 合意に調整条項を認める。

> **価格と数量**
>
> サプライヤーと顧客は、商品の発注量に応じて価格を調整する。範囲の経済の原則で、量が多くなれば価格は下がり、少なくなればその逆もある。これに対して、事前に不測の事態《コンティンジェンシー》を決めておくこともある。サプライヤー側から見ると、受注量が少ない場合にコスト割れが起こらない代わりに、数量が増えると利幅が狭まる。

- **「変更条項」** 予見できず、止めようがなく、コントロールできない事象（地震など）では当事者が自分の責任を果たせなくなることを想定して、予測できない大きな障害の発生を法律も考慮に入れている。すべてのケースに適用されるので、この種の変更に関する条項を入れる必要は必ずしもない。しかし、予見不可能だとか停止不可能でなくても、合意の維持に破壊的な影響をもたらしうる事象もある。その場合は、実質的な不利益変更を予測する条項を加える必要がある。法律では「MAC《重大な不利益変更》条項」という用語を使う。

カントリー・リスク

企業が海外勤務者にかける保険契約には、第三者の専門家が法的、経済的、政治的情勢に従って定義する「カントリー・リスク」の条項があり、それに突然の変更があった場合には、再評価することが織り込まれている。たとえばテロ攻撃が起こって当該国の格付けが変わる場合、契約そのものではなく、保険額が再交渉される。

- **「サスペンション条項」**　合意が正式になされても、特定の事象が起こるまで、あるいは起こらなければ、実行されない。

ローン取得

不動産の購入は、価格を交渉した後、ローンの承認を条件としたサスペンション条項を含む法的書類を必要とするのが普通である。ローンが認められなければ、買い手は売り手に対するいかなる責務からも解放される。

・「**解約条項**」 合意が正式になされても、特定の事象が起こると、実行されなくなる。

リース解約

2つの不動産物件の所有者が、ひとつを貸すことにした。隣接地に建物がないので、素晴らしい眺望が楽しめる建物である。所有者がその隣接地に建物を建て、眺望が妨げられる場合には、借り手が一方的に解約する権利を認める条項を契約に入れてもよい。

こうした条件付き合意は、環境が変わっても、契約が当事者双方に変わらず利益をもたらす可能性を高める手段であり、契約の堅実さと持続可能性を強化する。交渉者のジレンマを思い出してほしい。

リスクをゼロにする方向だけで考えると、利益が狭まることが多い。われわれは承知の上でリスクをとることも必要なのだ。第4章で見たように、利益とリスクは釣り合いをとって、しかも多くは順序立てて処理しなければならない。まず価値を創出してから、公正な分配を確実に行う。ここに挙げたのは、条項の追加が、契約当初の利得を最適化し、それに付随して当事者を将来の変化に潜む大きなリスクからも守るという例である。

「共同提案」

二人の革新的な交渉者が、いくつもの障壁を乗り越え、創意工夫に富む満足な合意案に到達しそうだが、その内容が受けている指令の範囲を逸脱している、という場合はどうすべきか。それぞれのプリンシパルから承認を得られるかどうかはわからない。ここにも解決はある。この合意案を捨てず、各々のプリンシパルに、この合意案を勧める共同提案を出すという手法もある。

「合意しているかいないか、という点について合意する」

交渉の経過によっては、ある部分についてはまとまりながら、他の点については見解に著しい相違を残しているということがある。ここでは、合意している点だけでなく、合意していない点についても確認することが大切である。この峻別は、合意していない点の確認を交渉の失敗のように見るのではなく、**「この時点での」**暫定的な成果としてとらえることだ。焦点が絞れないまま、相違点も曖昧な当初の状況と比べたら、合意している分野としていない分野を明確にできたというのは、前進している証拠である。合意している範囲が明確になれば、残る問題を抜き出し、改めて取り組むことができる。ここでも時間が大切な友人になる。

この状況で前進する効果的な方法のひとつは、**「ワン・テキスト」**を起草することだ。交渉も、当事者の動機と合意点および相違点が明らかになる段階にきたら、合意の草案を準備すると良い。次の交渉セッションの間、合意済みの点は省き、問題の残るポイントへの取り組みを進め、他の選択肢の導入を図ることができる。この「ワン・テキスト」手続き[75]は、相違点を減らしていきたいとの願いから、中東紛争の調停者たちが広く使ってきたものだ。

ひとつの歴史

頑固な相違点を残しながら、合意が批准されることもしばしばある。一九七九年のイスラエルとエジプトの和平合意、一九九四年のイスラエルとヨルダンの和平合意はいずれも、パレスチナ問題とエルサレムの将来を解決するために交渉を続けなければならないことを認識した上で署名締結された。多国間の場合は、どの点が未決かもさることながら、誰に対して未決なのかが問題になる。一九九一年のユーゴスラビア、スロベニア、クロアチア間の独立に関する合意は、紛争が長引くリスクを避けるために、ボスニアとコソボには言及されなかった。ブルンジでは、２つの反政府グループが二〇〇〇年のアルーシャ協定に同意しなかった。

時期尚早で、紛争当事者の全員一致による合意をひとつとして得られない場合は、部分的合意を得やすい点から解決することが重要である。

「プロセスについての合意」

対立がかなり根深く、内容で行き詰まっていても、プロセスを焦点にした「二次的」合意を得ることは可能である。これで、解決に向けて前進するという難しい作業を続けられる。このタイプの合意は、関係者を交渉のテーブルに着かせることが目的なのだ。

中東に関する会議

著者たちは、中東の平和プロセスをめぐり、関係者全員が出席できる会議をパリで開催しようとした。日程を話し合う前に、まずどのような会合にするかから決めなければならなかった。誰が出席するのか。各人が話す順序、時間はどうか。どの話題を入れるか。どこで会議を開くか。議題の検討が緒につく前日まで、こうした手続きの調整は続いた。

手続きの事前合意には、当事者がプロセスを自分のものとして受け止め、落ち着いて問題を扱えるようになる、という効能もある。こうした所有意識は、プロセスが受け入れられないという口実で互いに拒否をさせないために不可欠である。プロセスが非協力的な手管の人質にされないためにも、プロセスが正式に承認され、合意されることが重要だ。

「再び会うことへの合意」

最低でも、話し合いを続け、次の交渉セッションの予定を立てることへの同意は必要だ。問題に対して前進はしていても、結論を出すにはさらに時間がかかるときもある。また、関係がまずくなり、話し合いを続けるには別の調整をする時間が必要なこともある。あるいはプロセスをもっとはっきりさせなければならないときもある。いずれの状況にも共通するのは、交渉を続けなければならない、ということだ。そのためには確実な日付で別のセッションを設定する。落胆するのではなく、継続的な対話が必要だという単純な事実に同意することが大切なのだ。交渉外の解決策が不十分な場合は、まさに交渉しかない。

「相違点を形にする」

内容への希望が絶たれたときは、交渉を停止し、あらゆる相違点を列挙する書類を作成するのも良い。書き出す作業は、合意が成立しない場合のリスクに当事者の目を向けさせる。交渉が失敗するとどうなるかを確認することで、交渉外での最善の解決の価値を、それぞれに真剣に検討せざるをえず、過大な評価もしないようになる。何らかの理由で関係者の状況が変化したら、そこから話し合いを始めてもよい。

最後の点を除けば、これらの合意を形にする作業は、コミットメントの強弱を尺度に、強いもの（内容への焦点）から弱いもの（プロセスへの焦点）への順になっている。これを逆順に始めれば、同意を積み重ねつつ、いずれ全体的な合意につながるであろう。同意内容を確認したら全員に周知し、交渉セッションを締めくくる。

非公式の延期
――「最後の印象」にどう気をつけるか

タレイランは「第一印象には十分用心し、よく見ておきたまえ」と注意している。初対面において、人は第一印象に強い影響を受ける。意識的であれ無意識であれ、第一印象が枠づけとなり、その後の関係の土台になる。最後の印象についても同じことが言える。自分たちの関係、共通の努力によってなしえた前進、互いのコミットメント、これらを記憶に刻印するのは最後の印象なのだ。最後の印象は、交渉の後に起こることを条件づけ、合意の実行を促進も阻害もする。

自分の創り出す最初の印象だけでなく、最後の印象にも気をつけなければならない。どの交渉セッ

図8-2　交渉プロセスのタイムライン

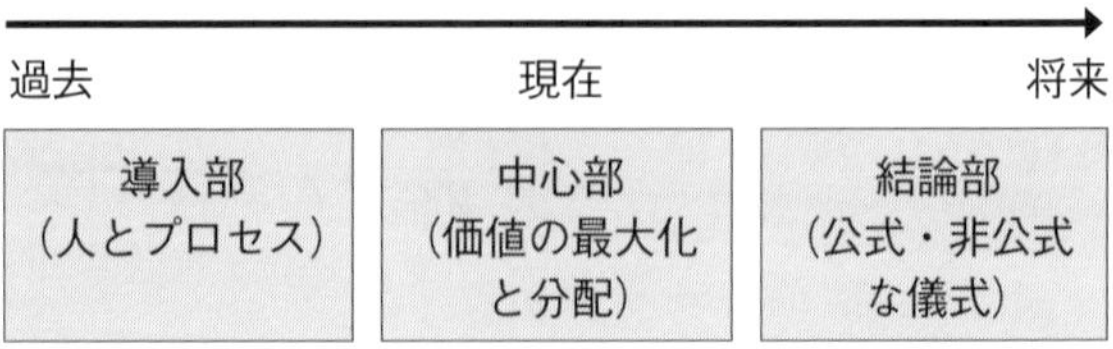

ションも、導入部、中心部、結論部という3つの部分からなる。中心部が圧倒的に長く、本書のメソッドに沿って問題を扱う。だが交渉は、この中心部だけに限られるわけではない。交渉のセッションは、その前から始まり、その後に続くというタイムラインである。交渉の方向は、当事者がセッションを正しく始め、正しく終わらせる能力に左右されることが多い。

交渉のプロセスの始まりでは、最初のセッションの2つの目標、関係形成と手続きの枠組設定に同時に集中しなければならない。人とプロセスをリンクさせることが大切なのだが、同じことが結論部にもいえる。手続きの枠組は、暫定から現実へと進むために合意を正式なものとし、コミットメントを具体化するのが目的である。関係の側面への配慮も交渉を良いかたちで締めくくるのに不可欠である。

合意という結論が、祝いたくなるような解放感と幸福感を当事者にもたらすときは良い。だが、価値を分配する問題が緊張に満ち、当事者が双方とも交渉にけりをつけただけという場合は、陶酔してはいられない。どちらの状況でも、対人関係を振り返るための非公式のセッション、つまり儀式の場を設けることが大切である。儀式にも多くの形式がある、シャンパンで祝う、調印式を行う、写真をとる、簡単なディナーでもいい。好みはいろいろあろうが、主たる目的は同じ、将来を見据えて、関係を強化することなのだ。交渉の中で、関係性は段階を踏んで変化してゆく。幾度かの応酬、厳しい時期や見解の相違を経て、そして、最後には、行き着くとは思えなかったような合意も実現する。この冒険を思い起こし、失望にさらされて荒れているかもしれないところは修復し、できるならば、共通の問題に一緒に勝利したことを祝いたいものである。

結論

実践に移る「前に」理論を自分のものにする

交渉スキルを改善し続けるために

本も結びの言葉までくるとやや食傷気味になる。これは著者だけでなく、読者も感じているに違いない。読者にしてみれば、ある点はもっと詳しく、ある点はもっと簡潔な方が良かったかもしれない。著者も完璧でありたかった。ただ、書物に大切なのは、われわれの日々に与える影響だ。本書を読む**「前に」**、自分自身の交渉方式を持つ「あなた」が存在した。読んだ**「後に」**、以前の交渉への考え方と方法に少しでも改善を感じて下さっていれば、と思う。そして願わくは、何らかの満足感、あなたの問題に対する解答、そして価値を創出し、感情を管理し、より複雑な交渉状況を仕切るのに使える交渉ツールを見出していて下さっていれば、と思う。最重要なことを先に《ファースト・スイング・ファースト》という信念で、今後の交渉のための有効な指針と原則を捕まえたぞ、との実感があればさらに嬉しい。

ページを終える前に、最後の質問をさせていただこう。本棚にこの本を戻した後はどうなるのか。

交渉のメソッドを読むという一歩を踏み出したら、次はそれを実践に移すことだ。こういう言い方をするのは、われわれの目的がただ理論を述べるだけでなく、理論を実践にリンクさせ、個人的な疑問を具体的な対応に結びつける方法論を提供することにあるからだ。本書の価値は「メソッド」がアクションに変換されたときに光る。

結びでは、このメソッドが好循環の学習サイクルとして、交渉の実用スキルにどう貢献するかを説明したい。自分のスキルを正確に、的確に磨く交渉者ほど、努力をしない人たちとの差を広げている。効果的な交渉法の存在について半信半疑だったかもしれない**「前の」**あなたと、交渉法の価値を深く考えた**「後の」**あなたがすでにこの格差に気づいているはずだ。そのうえで、これから実際に向き合って、対処すべき相違点や非対称性を見ておこう。

あなたと他の人たちの間に潜むギャップ

交渉の非対称性を、双方が使う手段やアプローチの違いないし不均等と定義すると、多くの状況が考えられる。たとえば、一方は準備しているが相手は準備していない。一方は関係を気にしているが相手は気にしていない。一方は耳を傾けるが、相手は話すのをやめようとしない。

各種の非対称性

「情報は同じではない」　非対称性という概念は特に事実情報との関連で、交渉学でも広く研究されてきた。一方がしかるべき情報を持てば、相手に対する戦略的優位性になる。

車の購入
三〇〇万円の値札をつけたヴィンテージカーの売り手が、別の希少車を買うためにすぐに現金を必要としていて、場合によっては二〇〇万円でも売るつもりだ。買い手がこれを何らかの情報源から知っていれば、売り手に二〇〇万円という下限で手放させるべく、それより低い価格をアンカーとした条件を提示するだろう。

一方的に情報を持っていれば、圧倒的に有利なのは言うまでもない。一方が相手の最低ラインを知っていて、そのあたりで決着をつけようとすれば、分配の緊張は高まる。ただし、これにはコインの表と裏の性質がある。第一は、情報はパワーの源泉であり、特に、相手の交渉外のベストの解決案をあらわにしている場合は決定的である。第二は、優れた対人スキルや交渉スキルを持つだけでは不十分だということだ。徹底的に準備し、自らの情報レベルを上げる努力をしなければならない。互恵主義の原則を尊重し、情報交換のプロセスに鋭敏になることも鍵になる。

「交渉スキルは同じではない」 情報非対称性の典型的な例は、交渉技術の知識である。多くの管理職が学んでいる給与交渉を例にしてみよう。彼らは「ウィン・ウィン」アプローチ[76]だとか、競合と協調[77]や共感力と主張力の間の緊張を効果的に管理する方法[78]を本や研修で学んでいる。一般論だが、人的資源担当部長たちはこうしたいろいろな方法を学んでも、それを他の社員に伝えているとは限らない。実際の給与交渉で優位に立つためである。

この種の非対称性は、そうした情報を自分のために利用する方法を熟知している人に有利に見える。だが、この優位性も常にチェックしなければならない。経験がなく、トレーニングも受けていない相手との交渉が、必ずしも効果的な問題解決につながるわけではないからだ。それどころか、方法論を学んだ交渉者であっても、この非対称性に釣られて直感的な競合的戦術に訴えるかもしれない。特定の情報を出してはならないのは当然だが、情報交換が交渉の建設的なプロセスの要になることも理解しておくべきである。

「交渉のアプローチは同じではない」　前述の非対称性は、異なる交渉手法を学んできた人たちにも当てはまる。特に、対抗型や操り型でやってきたような相手には顕著だ。この場合、交渉者はそれぞれに自分のテクニックが最も効果的だと思って使ってくる。相反するメソッドや類似のメソッドによって優位性が失われるようなときには、この非対称性が双方に発生する。

こうした認識から、相対する当事者（売り手と買い手、経営者と組合指導者、正規軍と反乱軍など）が一緒に交渉を学ぶトレーニングが提唱されている。双方に提供される方法論は同質で、相互にメリットとなる。どのような交渉技法が効果的で、どういう行動が逆効果かを双方に伝えることが、不適切な戦術や不安定な戦術の行使を予防する。また、緊張への対処がまずくて起こる膠着状態を回避するのにも有効だ。

「建設的な態度の要件は同じではない」 一方が相手より問題を解決する責任があると感じている場合によく起こり、フラストレーションを募らせる非対称性である。金科玉条のように言われる「お客様は神様」が通る場合には、歩合給で働いている売り手なら、客から侮辱されても唇をかむしかない。組合側と丁寧な対話を確立せよとの指令を受けている人事部長なら、組合員への示しをつけるために強硬姿勢を演じる組合執行部の前でも冷静さを保つ必要があろう。これは交渉者の役割や地位による非対称性だが、それに動揺せずに現実を引き受けなければならない。もちろん、自分の我慢の限界を知っておくことも必要である。

「影響力は同じではない」 指令の実行において非対称性が存在するときも、不安定になる。

非現実的な指令

調達担当部長が、調達先と予定されている交渉に、CEOから非現実的な指令を受けている状況を考えてみよう。話し合いは膠着しそうである。CEOが指示を変えてきても、調達担当部長は身動きが取れなくなりそうだ。それまでの内容を撤回する印象を与えずに、その新しい指示を実行しなければならないからだ。この非対称性は結果に現れる。交渉が成功したら、手柄はCEOのものになり、失敗したら責任は部長が負うことになる。

第7章で詳述した技法は、プリンシパルとエージェントの間の緊張を和らげるのに役立つはずだが、完全に除去することはない。上司の前で服従しないのは必ずしも容易ではないが、場合によっては、無礼にならずに創造的になることは可能だ。フランス国王に仕えたある大使は、国王が某国の行為に激怒し、いくつかの破壊的な行動を自分に命じたときのことを回想している。彼は国王に従わなかったわけではなく、ただ命令を非常にゆっくりと実行したのだった。

プリンシパルになるときは部下への教育義務を忘れてはならない。部下は窮地に陥ると、直感的な交渉手段に頼りやすい。だから、プリンシパルはエージェントに与える指示に、慎重に注意を払う必要がある。同じように、管理職は同僚の偏見やこだわりを理解し、彼らに新しい交渉文化をインストールするために本物のアクティブ・リスニングを実演してやらなければならない。

「自分もいつも同じではない」　ここまでの非対称性はすべて、あなたと相手との相違点についてだったが、あなた自身が学んだ新たな交渉スキルを考えてみよう。交渉でその建設的な手法を積極的に実行するには、いささかの抵抗感があるはずだ。あなたの内なる抵抗だ。建設的な手法を使うための本を読み、研修も受けた。だが、本やセミナーから得た知識はわずかな間しか持たない。気持ちだけでは変革は起こせない。今日、話す前に聞け、と自分に言い聞かせても、明日そうしているかどうかはわからないものだ。事実、既存の習慣の持続力が強烈で、翌日にはもとに戻っている方が圧倒的に多い。習慣を変えるのは、衣服を着替えるようにはいかない。自分自身の長期的な成長を視野に入れ、本気でそれに集中しなければならない。テクニカルな技術を深め、それを習慣に落とし込み、交渉相手を可能な代替案に導くには忍耐力も不可欠である。

「非対称な立場がもたらす結果を想定する」 交渉者はこうした非対称性に心構えをしておくべきだ。すべてを投げ出したくなるようなときは特にそれが大切だ。非対称性は交渉の偶発事故ではなく、交渉の肝心な要素であるから、避けては通れない。非対称性はどこにでもあり、自己増殖する性質がある。非対称性の作用する状況を乗り切った交渉者は、優れた評価をものにするのは間違いなく、結果として、そうした困難な状況をますます任されるようになる。ここで、訓練を積んだ交渉者の実体験に基づく提案をいくつか挙げておこう。

「これが『正しい』と思い込んではならない」 非対称な状況では、「すべてを知っている」という態度をとったり、自分が思う「正しい」進行方法を相手に指示してはならない。したり顔の他人からああすべきだとかこうすべきだとか指図されるのは、誰にとっても不愉快なものだ。傲慢な態度をとる交渉者は壁に突き当たりやすい。交渉の本の著者としては、そんなことにならぬようにするのも自分たちにとっての課題だと思っている。ああしてはどうかとか、こうすべきだというのは、未熟な交渉者よりもほんの少し知識があるというだけにすぎない。

「行動の模範となれ」 行動のしかたを相手に **「口で言う」** のは避け、他に進め方があるのを **「身をもって示す」** ことが大切だ。非対称性を見つめつつ、アクティブ・リスニング、相手の尊重、創造力、正当化規準を使って **「メソッド」** を実行に移す。ゆっくり、しかし着実に、良い交渉習慣を現場に醸成していくのである。

「何もしない忍耐力を持て」 火に油を注ぐほどお粗末なことはない。こちらに悪態をつくような戦術をぶつけてくる人間にはかまわず、我慢強いところを見せ、成り行きに任せてみよう。一歩退いても良い。相手がエネルギーを消耗するかもしれない。個人攻撃をやめさせ、関心を本来の問題点に集中させられれば、前に進むことができる。

「やり返してはならない」 どんな前向きの努力をしても、非対称性がなかなか解消されないこともある。そんな場合は、相手がそういう行動しかとれないのだと思うのも大切だ。そう理解することで、自分自身の交渉法を捨てず、相手とそのやり方に向き合えるだろう。

こうした提案は、状況がどうであれ、相手が誰で、どんな長短があっても、交渉者はそこから始めざるをえない、という基本的な考えからきている。**「目的は相手を変えることではない」**。交渉の目的は、考えうる最良の解決を実現し、自分の動機を満たし、交渉外の選択肢よりも優れた合意を得ることなのだ。その過程で、問題解決の論理に裏づけられた自分の交渉スキルで相手を目覚めさせられれば素晴らしいし、そこまで至らなくても、メソッドを使い、辛抱強く前進することが自分の仕事なのだ。自分の正当な動機を解決の中で充足させるように、目的と手段をすり合わせる適切な道を探すのは、自分の責務である。学習サイクルを日々刷新するのも、自分に必要なことなのだ。

学習プロセスを継続せよ

交渉を学習する3つのステップ

交渉の本など読んだことがなく、交渉研修も受けたことがないという人もおられよう。だが、そうした人も毎日のように交渉している。ここに最初のステップがある。直感だ。どのような交渉にも見られ、反射的な実践が幅をきかせている王国である。
第二のステップは**交渉の方法と理論を学ぶ**部分である。本書はこのステップに集中し、読者が技術を向上させ、交渉状況を構造化できるようにと、概念、ツール、分析と提案をまとめてある。全体としては、心理的・関係的次元と具体的・経済的次元を組み合わせた合理的なプロセスへのガイドになってくれれば、と願っている。これからの交渉で変化を感じたときには、本書の中心概念が役に立っていてほしい。明白なことに目を奪われて、本質的なことを忘れてはならない。そのことを実践してほしい。**「まず、正しく動こう」**。

しかし、読んだ時にはすっきりして見えた原則も、実行に移すのは必ずしも簡単ではない。何かを知ること（知識）とそれをどう実行するかを知ること（ノウハウ）との間にはしばしばギャップがある。交渉の第三のステップは、まさに自分のものとしての**「知識に基づく実践」**である。常に実践とメソッドを照らし合わせ、現実の障害物と向き合うのは、あなた自身なのだ。

本書で強調してきたのは、どんな交渉の前にも十二分に準備することの必要性である。さらに、あらゆる面について**「交渉の後に分析し、事後検討の時間をとる」**ことも大切だ。それが交渉に関する自分自身の理論を深める最良の方法であり、また学習をうまく循環させる最終ステップになる。

図 結-1　学習サイクルを作る

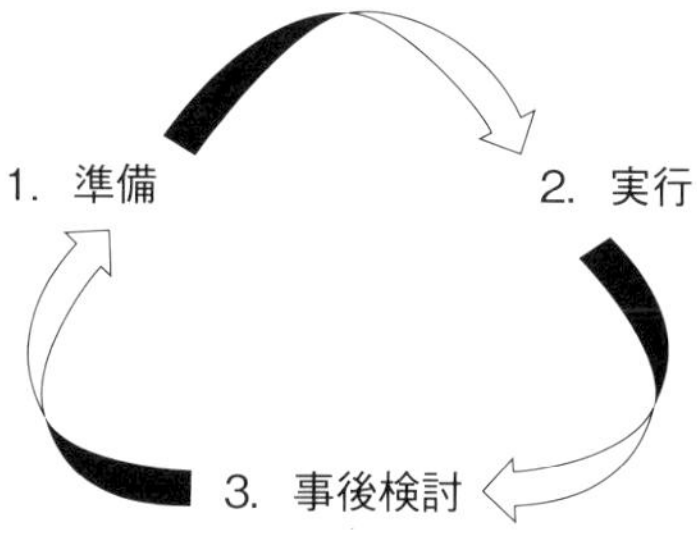

図結-1では、「交渉の実行」の部分が最も重要に思えるかもしれない。というのも、そこが交渉の大舞台の明らかな見せ場だからだ。だが「準備」「実行」「事後検討」のいずれもが等しく大切なのだ。交渉は当事者がテーブルに着くずっと前から始まっている。過去の交渉の分析をもとに、必要な道具を動員する能力は、交渉を成功に導く決

定要因になるだろう。**「自分なりの交渉メソッド」**は理論と優れた実践の組み合わせによって形成される。

学習は交渉力を伸ばすための基軸の要素であり、学習曲線は4つの段階を踏む。

- **「知識」** 第一段階として、理論を使い交渉行動の現状を分析する。理論に照らして今のやり方と向き合うことで、新しい行動の展望が開け、これまでの方式を刷新する準備が整う。
- **「ノウハウ」** 理論を理解したら、現実と向き合い、概念を道具に変換する。まだ生硬で不安定でも、技術を実行に移すのだ。新しい技術の使い始めがぎこちないのは当たり前である。アクティブ・リスニングも初めて使うときは、経験がなければこそ違和感を覚えるはず。練習以外に上達の道はない。
- **「どうあるべきかを知る」** こうした技法がすべて自然な行動として身につくときがくる。アクティブ・リスニングを道具と感じなくなったとき、交渉でも余計なことを考えずに自然なふるまいの中で生かせるようになる。このレベルまで習得するには、交渉をただの意思決定手法としてではなく、他人との関係に入ってゆく一般教養あるいは人生の哲学として考えることが大切である。相手のことを考え、共に価値を創出することに努める。個人の文化はそこから育つ。
- **「知識の伝達」** まさに相手と知識が共有されたときに実現する。自分の行為と存在全体を通して働きかければ、相手にも新しい交渉手法を学習し実用化する関心を与えられるし、そこから高いレベルでも交渉が行えるようになる。上級コースもすべて最も地道なところから始まるが、それが交渉の文化と平和的な紛争解決をわれわれの子供たちや学生たちに、あるいはそばにいるごく普通の人たちに伝えるための基礎になる。職場に協力的な雰囲気を作り、創造的で正当な意思決定プロセスを創り出すマネジメントの基礎も同じだ。そして、なによりもわれわれの暮らす公共社会こそが、相反する多彩な観点を認識した平和的な対話と、あらゆる当事者を満足させる均衡点を見出すという交渉努力の恩恵を受ける。

最後に、われわれには時間のパラドックスがあることに触れておきたい。優れた解決策に背を向け、わかりきったことだけでよしとする古い習慣のもとでは、時間は優れたメソッドの最悪の敵になる。逆に、新しいアプローチの形成に向かって働き、少しずつでも、古い習慣を捨ててゆくのなら、時間は意義ある変革を助ける最良の友になる。これは個人の選択と自己決定というシンプルな課題なのだ。交渉の学習は自省ある実践に始まり、自省ある実践に終わる。明白なことより、大切なことから、という新しい習慣を育て、自分の方法を築くには時間がいる。われわれの願いは、この「メソッド」が優れた交渉行動を育てる手助けとなり、皆さんが交渉の成功という果実を手にすることである。そして本書が、平和的な対立解決を促進し、対話の文化を導き、相手との素晴らしいプロジェクトを成功させる後押しとなる内省を広げ、勇気づける一助となることを願っている。

GIRARD, René (1982), *Le Bouc émissaire,* Paris: Grasset. (レネ・ジラール著『身代りの山羊』織田年和・富永茂樹訳，法政大学出版局，1985年)

GROOM, A.J.R. and LIGHT, Margot,(eds) (1994), *Contemporary International Relations : AGuide to Theory,* London: Pinter.

HALL, Edward T. and HALL, Mildred R.(1989), *Understanding Cultural Differences,* Yarmouth: Intercultural Press.

HOFSTEDE, Geert (1991), *Culture and Organizations : Software of the Mind,* London: McGraw-Hill.

HOLBROOKE, Richard C.(1998), *To End a War,* New York: Random House.

LEMPEREUR, Alain (ed.) (1990b), Le questionnement, *Revue Internationale de Philosophie,* 174, 295-495.

LEMPEREUR, Alain (1990c), La métaphore et la communication en sciences humaines, *Revue Belge de Philologie et d'Histoire,* LXVIII, 608-621.

LEMPEREUR, Alain (1991b), *Rationalité et sciences de l'homme, dans Le Rationalisme est-il en crise?* Brussels: Editions de l'Université de Bruxelles, 93-117.

MEYER, Michel (1986), *De la Problématologie,* Brussels: Mardaga.

PERELMAN, Chaïm and OLBRECHTS-TYTECA, Lucie (1958), *Traité de l'argumentation. La nouvelle rhétorique,* Paris: Presses Universitaires de France.

PERELMAN, Chaïm (1984), *Le Raisonnable et le déraisonnable en droit,* Paris: L.G.D.J.

PLANTEY, Alain (2000), *Principes de diplomatie,* Paris: Pedone.

ROCARD, Michel (1997), *L'Art de la Paix,* Biarritz: Atlantica.

TROMPENAARS, Fons and HAMPDEN-TURNER, Charles (1998), *Riding the Waves of Culture,* New York: McGraw-Hill.

SAVIR, Uri (1998), *Les 1100 jours qui ont changé le Moyen-Orient,* Paris: Odile Jacob.

WALDER, Francis (1958), *Saint-Germain ou la négociation,* Paris: Gallimard.

ム・ユーリ著『ハーバード流“NO”と言わせない交渉術』斎藤精一郎訳，三笠書房，2010年）

URY, William, BRETT, Jeanne and GOLDBERG, Stephen (1988), *Getting Disputes Resolved,* Cambridge MA: Program on Negotiation Books.（ウィリアム・L. ユーリ，スティーブン・B. ゴールドバーグ&，ジーン・M. ブレット著『「話し合い」の技術―交渉と紛争解決のデザイン』奥村哲史訳，白桃書房，2002年）

ZARTMAN, William I.(1976), *The 50% Solution,* New York: Anchor Books.

ZATRMAN, William I. and BERMAN, Maureen(1992), *The Practical Negotiator,* New Haven: Yale University Press.

ZATRMAN, William I.(ed.)(1994), *International Multilateral Negotiation : Approaches to the Management of Complexity,* San Franscisco CA: Jossey-Bass.

3. その他

ARISTOTLE(1991), *Rhétorique,* Paris: Livre de Poche.（アリストテレス 著『弁論術』戸塚七郎訳，岩波書店，1992年）

BELY, Lucien(ed.)(2001), *L'Europe des traités de Westphalie—Esprit de la diplomatie et diplomatie de l'esprit,* Paris: PUF.

BOLTANSKI, Luc and THEVENOT, Laurent(1991), *De la justification — Les économies de la grandeur,* Paris: Gallimard.

DESCARTES, René(1637), *Discours de la méthode pour bien conduire sa raison, et chercher la vérité dans les sciences,* reedition, Paris: Vrin.

GEERTZ, Clifford (1973), *The Interpretation of Culture : Selected Essays,* New York: Basic Books.（クリフォード・ギアツ著『文化の解釈学（1・2）』吉田禎吾・柳川啓一・中牧弘允・板橋作美訳，岩波書店，1987年）

GIDDENS, Anthony (1990), *The Consequences of Modernity,* Stanford, CA: Stanford University Press.（アンソニー・ギデンス著『近代とはいかなる時代か？―モダニティの帰結』松尾精文・小幡正敏訳，而立書房，1993年）

GIDDENS, Anthony (1994), *Beyond Left and Rigth : The Future of Radical Politics,* Cambridge: Polity Press.（アンソニー・ギデンス著『左派右派を超えて―ラディカルな政治の未来像』松尾精文・立松隆介訳，而立書房，2002年）

GIRARD, René (1972), *La Violenceet et le sacré,* Paris: Grasset.（レネ・ジラール著『暴力と聖なるもの』古田幸男訳，法政大学出版局，1982年）

conflits, Document de recherche, Paris-Cergy: ESSEC, DR97037.

MNOOKIN, Robert and SUSSKIND, Lawrence (dir.) (1999), *Negotiating on Behalf of Others,* Thousand Oaks: Sage Publications.

MNOOKIN, Robert PEPPET, Scott and TULUMELLO, Andrew (2000), *Beyond Winning. Negotiating to Create Value in Deals and Disputes,* Cambridge, MA: Harvard University Press.

MNOOKIN, Robert and LEMPEREUR, Alain (2001), *Gestion des tensions dans la négociation,* Working Paper, Paris-Cergy: ESSEC IRENE & research Center.

NASH, John F. (1950), The Bargaining Problem, *Econometrica,* 18(2).

NEALE, Margaret and BAZERMAN, Max (1991), *Cognition and Rationality in Negotiation,* New York: The Free Press.

PLANTEY, Alain (1994, 2002), *La Négociation internationale au XXIe siècle,* Paris: Editions du CNRS.

PRATT, John and ZECKHAUSER, Richard (ed) (1985), *Principals and Agents : The Structure of Business,* Boston: Harvard Business School.

RAIFFA, Howard (1982, 1994), *The Art and Science of Negotiation,* Cambridge MA: Belknap Press of Harvard University Press.

ROGERS, Carl R. (1957), *Active Listening,* Chicago IL: LUniversity of Chicago Press.

ROSS, Lee (1955), Reactive Devaluation in Negotiation and Conflict Resolution, in *Barriers to Conflict Resolution,* Kenneth Arrow and Robert Mnookin (eds), 26-42.

SEBENIUS, James (2001), Six Habits of Merely Effective Negotiators, *Harvard Business Review* 79(4), 87-95.

SINACEUR, Marwan (2002), La menace en négociation, unpublished conference, ESSEC IRENE.

STONE, Douglas, PATTON, Bruce and HEEN, Sheila (1999), *Difficult Conversations,* New York: Penguin.

SUSSKIND, Lawrence E. and FIELD, Patrick (1996), *Dealing with an Angry Public : A Mutual Gains Approach to Resolving Disputes,* New York: The Free Press.

TVERSKY, Amos and KAHNEMAN, Daniel (1981), The Framing of Decisions and the Psychology of Choice, *Science,* 211, 453-458.

URY, William (1991), *Getting Past No,* London: Random House. (ウィリア

LEMPEREUR, Alain (ed.) (1999), *Modèles de médiateur et médiateur-modèle.* Conference Proceedings of December 14 & 18, 1998, Paris-Cergy: ESSEC IRENE.

LEMPEREUR, Alain (2000), *Unpacking Emotional Negotiations : From Feelings to Behaviors,* Paris-Cergy: ESSEC IRENE & Centre de Recherche.

LEMPEREUR, Alain (ed.) (2001), *Towards a Dialogue between Conflict Theories and Practices across Paradigms and Cultures,* CD rom of the Proceedings of the 14th IACM Conference, Paris-Cergy: ESSEC IRENE.

LEMPEREUR, Alain (2002), Aux sources des théories de la négociation: L'oeuvre fondatrice de F. de Callières, in Callières, *De la manière* …, *op.cit.,* 7-50.

LEMPEREUR, Alain (ed.) (2003a), La négociation dans les relations sociales, *Personnel,* 438 (March-April).

LEMPEREUR, Alain (2003b), Les limites de la négociation de positions, *Gestion 2000,* July (4), 69-84.

LEMPEREUR, Alain (2003c), Parallélisme de style entre professeur et dirigeant. Pour une nouvelle approche de leadership, *Humanisme et Entreprise,* 231 (6), 1-17.

LEMPEREUR, Alain (ed.) (2005), *New Trends in Negotiation Teaching : Towards a Trans-Atlantic Network,* CD rom of the Proceedings of ESSEC-Harvard Conference, Paris-Cergy: ESSEC IRENE.

LEMPEREUR, Alain and COLSON, Aurélien (eds) (2008), *Négociations européennes. D'Henri IV à l'Europe des 27,* Paris: A2C Médias.

LEMPEREUR, Alain and SCODELLARO, Mathieu (2003), Conflits d'intérêts économiques entre avocats et clients. La question des honoraires, *Dalloz,* 21 (5), 1380-1385.

LEMPEREUR, Alain and SEBENIUS, James (eds) (2007), *Manual de Negociacoes complexas,* Rio de Janeiro: FGV Editora.

LEWIGKI, Roy J., LITTERER, Joseph A., MINTON, John W. and SAUNDERS, David M. (1994), *Negotiation,* Burr Ridge, Illinois: Irwin.

MEYER, Michel and LEMPEREUR, Alain (ed.) (1990), *Figures et conflits rhéloriques, Brussels : Editions de l'Université* de Bruxelles.

MNOOKIN, Robert (1997), *Surmonter les obstacles dans la résolution des*

Négociations, 9(1).

DUPONT, Christophe(1994), *La négociation—Conduite, théorie, applications,* Paris: Dalloz.

FAURE, Guy-Olivier and RUBIN, Jeffrey(eds) (1993), *Culture and Negotiation,* Newbury Park: Sage.

FISHER, Roger, URY, William and PATTON, Bruce(1981, 1991), *Getting to Yes : Negotiating Agreement Without Giving In,* London: Penguin.

FISHER, Roger and ERTEL, Danny(1995), *Getting Ready to Negotiate,* New York: Penguin.

FISHER, Roger and SHARP, Alan(1999), *Lateral Leadership,* London: Harper Collins.

FOSTER, Dean Allen(1995), *Bargaining across Borders,* New York: McGraw-Hill.

GOLDBERG, Stephen, SANDER, Frank and ROGERS, Nancy(1992), *Dispute Resolution : Negotiation, Mediation and Other Processes,* Boston: Little, Brown & Company.

KAHNEMAN, Daniel, SLOVIC, Paul and TVERSKY, Amos(eds)(1982), *Judgment Under Uncertainty : Heuristics and Biases,* Cambridge: Cambridge University Press.

LAX, David and SEBENIUS, James(1986), *The Manager as Negotiator,* New York: The Free Press.

LEMPEREUR, Alain (ed.) (1990), *L'Homme et la Rhétorique,* Paris: Méridiens-Klincksieck.

LEMPEREUR, Alain(ed.)(1991), *L'Argumentation,* Brussels: Mardaga.

LEMPEREUR, Alain(1995), *Legal Questioning and Problem-Solving,* S.J.D. dissertation, Cambridge MA: Harvard Law School.

LEMPEREUR, Alain (ed.) (1996), Conflits et humeurs variables: Opportunités pour le dialogue social, *Du Conflit au Dialogue,* Lyon: Missions Globales, 74-90.

LEMPEREUR, Alain(ed.)(1998a), *Théories versus Pratiques de négociation. Actes du colloque du 24 novembre* 1997, Paris-Cergy: ESSEC IRENE.

LEMPEREUR, Alain(ed.)(1998b), Negotiation and Mediation in France, *Harvard Negotiation Law Review,* 3, 151-174.

LEMPEREUR, Alain(1998c), Bilan du Dialogue National pour l'Europe. Essai sur l'identité européenne des Français, *L'Année, européenne,* 254-260.

Contention with Cooperation, in *The Handbook of Dispute Resolution,* by Michael L. Moffitt and Robert C. Bordone (eds), San Francisco: Jossey-Bass.

ARROW, Kenneth, MNOOKIN, Robert and TVERSKY, Amos (1995), *Barriers to Conflict Resolution,* New York: Norton.

AXELROD, Robert (1984), *The Evolution of Cooperation,* New York: Basic Books.

BEAUFORT, Viviane de and LEMPEREUR, Alain (2003), Negotiating Mergers and Acquisitions in the European Union, in *International Business Negotiations,* Pervez N. Ghauri and Jean-Claude Usunier (ed.), Oxford: Pergamon, 291-324.

BRETT, Jeanne (1991), Negotiating Group Decisions, *Negotiation Journal,* 7, 291-310.

BRETT, Jeanne (2007), *Negotiating Globally : How to Negoliate Deals, Resolve Disputes, and Make Decisions Across Cultural Boundaries,* San Francisco: Jossey-Bass, 2001.（ジーン・ブレット著『交渉力のプロフェッショナル：MBAで教える理論と実践』ダイヤモンド社, 2003年）

BRETT, Jeanne, ADAIR, Wendy, LEMPEREUR, Alain, OKUMURA, Tetsushi, SHIKHIREV, Peter, TINSLEY, Catherine and LYTLE, Anne (1998), Culture and Joint Gains in Negotiation, *Negotiation Journal,* 14 (1), 55-80.

COGAN, Charles (2003), *French Negotiating Behavior,* Washington, DC: USIP Press.

COLSON, Aurélien (2000), The Logic of Peace and the Logic of Justice, *International Relations,* 15 (1), 51-62.

COLSON, Aurélien (2003), Quelques Ilimites à la négociation gagnant-gagnant, *Personnel,* 438, (March-April), 50-53.

COLSON, Aurélien (2004), Gérer la tension entre secret et transparence — Les cas analogues de la négociation et de L'entreprise, *Revue française de gestion,* 30 (153), novembre-décembre, 87-99.

COLSON, Aurélien (2007), *Secret et transparence envers des tiers en négociation. Contribution à une histoire de la négociation internationale,* PhD dissertation, Canterbury: University of Kent Library.

COLSON, Aurélien and LEMPEREUR, Alain (2008), Un pont vers la paix. Réconciliation et médiation post-conflit au Burundi et en R. D. Congo,

BIBLIOGRAPHY （参考文献）

1. 17～18世紀の基本文献

BONNOT DE MABLY, Gabriel (1757), *Principes des négociations pour servir d'introduction au droit public de l'Europe,* critical edition by M. Belissa (2001), Paris: Kimé.

CALLIERES, François de (1716), *De la Manière de négocier avec les souverains,* Paris : Michel Brunet; critical edition by A. P. Lempereur (2002), Geneva : Droz.

FELICE, Fortuné Barthélémy de (1770), Négociations ou l'art de négocier, in *Dictionnaire de justice naturelle et civile,* Yverdon; reedition by A.P.Lempereur (2003), Paris-Cergy: ESSEC IRENE.

HOTMAN DE VILLIERS, Jean (1603), *De la charge et dignité de l'ambassadeur,* Paris: J. Périer; reedition by A. P. Lempereur (2003), Paris-Cergy: ESSEC IRENE.

PECQUET, Antoine (1737), *Discours sur l'art de négocier,* Paris: Nyon Fils; reedition, Paris-Cergy: ESSEC IRENE (2003).

RICHELIEU, Armand Jean du Plessis, cardinal and duke of (1688), *Testament politique,* Amsterdam: Henry Desbordes; reedition (1955), Paris: H. Champion.

ROUSSEAU DE CHAMOY, Louis (1692), *L'Idée du parfait ambassadeur,* Paris; reedition by A P, Lempereur (2003), Paris-Cergy: ESSEC IRENE.

WICQUEFORT, Abraham de (1681), *L'Ambassadeur et ses fonctions,* The Hague: J. et D. Steuche.

2. 現代の交渉論

ADAIR, Wendy, BRETT, Jeanne, LEMPEREUR, Alain, OKUMURA, Tetsushi, SHIKHIREV, Peter, TINSLEY, Catherine and LYTLE, Anne (2004), Culture and Negotiation Strategy, *Negotiation Journal,* 20(1), 87-111.

ALLRED, Keith (2000), Accusations and Anger: The Role of Attributions in Conflict and Negotiation, in *Handbook of Conflict Resolution,* by Morton Deutsch (ed.), San Francisco: Jossey-Bass.

ALLRED, Keith (2005), Relationship Dynamics in Disputes: Replacing

Classics, 1982).

75 Roger Fisher and William Ury, *Getting to Yes: Negotiating Agreement Without Giving In*, ed. Bruce Patton (London: Penguin, 1981, 1991).

Conclusion: 実践に移る「前に」理論を自分のものにする

76 *Idem.*

77 David Lax and James Sebenius, *The Manager as Negotiator* (New York: The Free Press, 1986).

78 Robert Mnookin and Alain Lempereur, Gestions des tensions dans la négocieation, *op.cit.*

Research Center, 2001), and Alain Lempereur and Mathieu Scodellaro, Conflits d'intérêts économiques entre avocats et clients. La question des honoraires, *Dalloz*, 5 (21), 2003, pp. 1380-1385.

62 For more information on multilateral negotiations, we recommend the following works that are noted in the bibliography: Zartman (1994), Susskind and Field (1996).

63 Michel Rocard, *Le Nouvel Observateur*, 30 août 2001, pp. 5-7.

64 Jeanne Brett, Negotiating Group Decisions, *Negotiation Journal*, 7, 1991, p. 291-310.

65 René Descartes, *Discours de la méthode pour bien conduite sa raison, et chercher la vereté dans les sciences* (Paris: Vrin, Reedition, 1637).

66 For further study on intercultural or multicultural negotiations, please consult the book bibliography: Geert Hofstede (1991), Guy-Olivier Faure (1991), Dean Allen Foster (1995), Jeanne Brett (2007).

67 Jeanne Brett, Wendy Adair, Alain Lempereur Tetsushi Okumura, Peter Shikhirev and Anne Lytle, Culture and Joint Gains in Negotiation, *Negotiation Journal*, 14 (1), 1998, p. 55-80.

68 Clifford Geertz, *The Interpretation of Culture: Selected Essays* (New York: Basic Books, 1973).(クリフォード・ギアツ著『文化の解釈学(1・2)』吉田禎吾他訳, 岩波書店, 1987年)

69 Geert Hofstede, *Culture and Organizations: Software of the Mind* (London: McGraw Hill, 1991).

70 Edward T. Hall and Mildred R. Hall, *Understanding Cultural Differences* (Yarmouth: Intercultural Press, 1989), p. 13-17.

71 Other authors have described this distinction as sequential cultures vs. synchronic cultures, Trompenaars and Hampden-Turner, *Riding the Waves of Culture* (New York: McGraw-Hill, 1998), p. 123-144.

72 Luc Boltanski and Laurent Thévenot, *De la Justification - Les Economies de la grandeur* (Paris: Gallimard, 1991), p. 159-262.

73 Dean Allen Foster, *Bargaining Across Borders* (New York: McGraw Hill, 1995).

Chapter 8: 締めくくる「前に」合意を形にする

74 Jean de La Fontaine, The Hare and the Tortoise, *Fables* (London: Penguin

50 François de Callières, *De La Manière de négocier avec les souverains*, ed. Alain Lempereur (Geneva: Droz, 2002), p. 104.

51 Fortuné Barthélémy de Félice, *Négociations ou l'art de négocier, notice extraite du Dictionnaire de justice naturelle et civile*, Yverdon, 1770; Re-edition Alain Lempereur (Paris-Cergy: ESSEC IRENE), p. 176-197; also reprinted in *Négociations européennes* (ed. Alain Pekar Lempereur and Aurélien Colson, Paris: A2C Médias, 2008).

52 Alain Lempereur, Conflits et humeurs variables: Opportunités pour le dialogue social, *Du Conflit au Dialogue* (Lyon: Missions Globales, 1996), p. 74-90. Alain Lempereur ed., *Modéles de médiateur et médiateur-modéle*, Conference Proceedings of December 14 and 18, 1998, Paris-Cergy: ESSEC IRENE.

53 Barry Levinson, Director, *Rain Man*, 1988.

54 Robert Mnookin and Alain Lempereur, *Gestions des tensions dans la négocieation*, Working Paper (Paris-Cergy: ESSEC IRENE and ESSEC Research Center, 2001).

55 William Ury, *Getting Past No* (London: Random House, 1991).

56 Alain Lempereur ed., *Modéles de médiateurs et médiateur-modéle* (Paris-Cergy: ESSEC IRENE, 1999).

57 Lawrence Susskind and Patrick Field, *Dealing with an Angry Public: A Mutual Gains Approach to Resolving Disputes* (New York: The Free Press, 1996).

58 René Girard, *Le Bouc-émissaire* (Paris: Grasset, 1982).

Chapter 7: 複雑性にぶつかる「前に」メソッドを深める

59 For more ample information on this question, please consult John Pratt and Richard Zeckhauser, Editors, *Principals and Agents: The Structure of Business* (Boston: Harvard Business School, 1985) and Robert Mnookin and Larry Susskind eds, *Negotiating on Behalf of Others* (Thousand Oaks: Sage Publications, 1999).

60 Robert Monnkin and Lewis Kornhauser, Bargaining in the Shadow of the Law: The Case of Divorce, *Yale Law Journal*, 88, pp. 950-997, 1979.

61 Robert Mnookin and Alain Lempereur, *Gestions des tensions dans la négocieation*, Working Paper (Paris-Cergy: ESSEC IRENE and ESSEC

35 Lee Ross, Reactive Devaluation in Negotiation and Conflict Resolution, in *Barriers to Conflict Resolution*, by Kenneth Arrow and Robert Mnookin (eds), (New York: Norton, 1995), p. 26-42.

36 Conference at Harvard University with Robert Mnookin and Lee Ross, Negotiation Research Seminar, 1993-1994.

37 François de Callières, *De La Manière de négocier avec les souverains*, ed. Alan Lempereur (Geneva: Droz, 2002).

38 Carl Rogers, Active Listening (Chicago: University of Chicago Press, 1957).

39 For an example of active listening, please refer to the dialogue between the recruiter and the candidate in Chapter 3.

40 Nicolas Boileau, *Art Poétique* (Paris: Larousse, 1991).

41 Michel Rocard, *Le médiateur en politique in Modèles de médiateurs et médiateur-modèle*, ed. Alain Pekar Lempereur (Paris-Cergy: ESSEC IRENE, 1999), p. 52.

42 Robert Axelrod, *The Evolution of Cooperation* (New York: Basic Books, 1984).

43 Marwan Sinaceur, La menace en négociation, Unpublished Conference, ESSEC IRENE, 2002.

44 Amos Tversky and Daniel Kahneman, The Framing of Decisions and the Pschology of Choice, *Science*, 211, 1981, p. 453-458.

45 Lawrence Bacow and Michael Wheeler, *Environmental Dispute Resolution* (New York: Plenum Press, 1984).

46 Milan Kundera, *The Book of Laughter and Forgetting* (New York: Alfred A. Knopf, 1980).(ミラン・クンデラ著『笑いと忘却の書』西永良成訳, 集英社, 2013年)

Chapter 6: 問題解決の「前に」感情を受けとめる

47 René Girard, *Le bouc émissaire* (Paris: Grasset, 1982).(ルネ・ジラール著『身代りの山羊』織田 年和&富永 茂樹訳, 法政大学出版局, 1985年)

48 Douglas Stone, Bruce Patton and Sheila Heen, Difficult Conversations (New York: Penguin, 1999).

49 Roger Fisher and William Ury, *Getting to Yes: Negotiating Agreement Without Giving In*, ed. Bruce Patton (London: Penguin, 1981, 1991).

24 Viviane de Beaufort and Alain Pekar Lempereur, Negotiating Mergers and Acquisitions in the European Union, in *International Business Negotiation*, ed. Pervez Ghauri and Jean-Claude Usunier (eds) (Oxford: Pergamon, 2003), p. 291-324.

25 William Zartman and Maureen Berman, *The Practical Nagotiator* (New Haven: Yale University Press, 1992).

26 Let us leave on the side the case where there is nothing, at least of substance, on which to capitalise between one session and the next... In charge of leading the negotiations between the conflicting parties in the former Yugoslavia, Richard Holbrooke spent a long time starting his sessions saying: "Good, we're here where we were the last time, that is to say more or less where we were the time before".

Chapter 4: 切り分ける「前に」ジョイント・バリューを最大にする

27 Roger Fisher and William Ury, *Getting to Yes: Negotiating Agreement Without Giving In*, ed. Bruce Patton (London: Penguin, 1981, 1991).

28 John Nash (1950), The Bargaining Problem, *Econometrica*, 18(2).

29 David Lax and James Sebenius, *The Manager as Negotiator* (New York: The Free Press, 1986).

30 Robert Mnookin, Scott Peppet and Andrew Tulumello, B*eyond Winning. Negotiating to Create Value in Deals and Disputes* (Cambridge: Harvard University Press, 2000), p. 9-43.

31 William Zartman, *The 50% Solution* (New York: Anchor Books, 1976).

32 Chaïm Perelman, *Le raisonnable et le déraisonnable en droit* (Paris: LGDJ, 1984).

Chapter 5: 話す「前に」聞く

33 Roy Lewicki, Joseph Litterer, John Minton and David Saunders, *Negotiation* (Burr Ridge, Illinois: Irwin, 1994) and Robert Mnookin, Surmonter les obstacles dans la résolution des conflits, *Research Document* (Paris-Cergy: ESSEC, DR97037).

34 Keith G. Allerd, Accusations and Anger: The Role of Attributions in Conflict and Negotiation, in *Handbook of Conflict Resolution*, by Morton Deutsch (ed.), (San Francisco: Jossey-Bass, 2000).

University Press, 2000), p. 69-91.

12 Lawrence Susskind and Patrick Field, *Dealing with an Angry Public: A Mutual Gains Approach to Resolving Disputes* (New York: The Free Press, 1996).

13 François de Callières, *De la Manière de négocier avec les souverains*, ed. Alain Lempereur (Geneva: Droz, 2002).(カリエール著『外交談判法』坂野正高訳, 岩波書店, 1978年)

14 Roger Fisher and William Ury, *Getting to Yes: Negotiating Agreement Without Giving In*, ed. Bruce Patton (London: Penguin, 1981, 1991) and Roger Fisher and Danny Ertel. *Getting Ready to Negotiate* (New York: Penguin, 1995).

15 François de Callières, *De la Science du monde* (Paris: E. Ganeau, 1717), p. 184.

16 Robert Mnookin, Scott Peppet and Andrew Tulumello, B*eyond Winning. Negotiating to Create Value in Deals and Disputes* (Cambridge: Harvard University Press, 2000).

17 Roger Fisher and William Ury, *Getting to Yes: Negotiating Agreement Without Giving In*, ed. Bruce Patton (London: Penguin, 1981, 1991).

18 Charles Belmont, Les Médiateurs du Pacifique, *in Modèles de médiateurs et médiateur-modèle*, ed. Alain Pekar Lempereur (Paris-Cergy: ESSEC IRENE, 1999), p. 8-13.

Chapter 3: 明白なことの「前に」大切なことを行う

19 Alain Lempereur, Bilan du Dialogue National pour l'Europe. Essai sur l'identité européenne des Français, *L'Année européenne*, 1998, p. 254-260.

20 Laurence de Carlo and Alain P. Lempereur, CD-Rom, La Francilienne, Multi-media Case Study, ESSEC, 1999.

21 William Ury, *Getting Past No* (London: Random House, 1991), and Douglas Stone, Bruce Patton and Sheila Heen, *Difficult Conversations* (New York: Penguin, 1999). (ウィリアム・ユーリー著『決定版 ハーバード流"NO"と言わせない交渉術』斎藤精一郎訳, 三笠書房, 1995年)

22 *The Encheiridion or Manual of Epictetus* (Loeb Classical Library, 1928, 1985), vol. II, p. 526-527; quoted in Callières, *op. cit.*, p. 163.

23 Antoine Pecquet, *Discours sur l'art de négocier* (Paris: Nyon Fils, Reedition Paris-Cergy: ESSEC IRENE, 2003).

REFERENCES （引用文献）

Chapter 1: 交渉する「前に」問い直す

1 René Descartes, *Discours de la méthode pour bien conduite sa raison, et chercher la vérité dans les sciences* (Paris: Vrin, Reedition, 1637), p. 84.（デカルト著『方法序説』谷川多佳子訳, 岩波書店, 1997年）

2 Roger Fisher and William Ury, *Getting to Yes: Negotiating Agreement Without Giving In*, ed. Bruce Patton (London: Penguin, 1981, 1991), p. 41-57.（ロジャー・フィッシャー ＆ウィリアム・ユーリー著『ハーバード流交渉術』金山宣夫・浅井和子訳, 三笠書房, 1989年）

3 Chistophe Dupont, *La négociation - Conduite, théorie, applications* (Paris: Dalloz, 1994).

4 Robert Mnookin, Scott Peppet and Andrew Tulumello, *Beyond Winning. Negotiating to Create Value in Deals and Disputes* (Cambridge: Harvard University Press, 2000), and Aurélien Colson, Quelques limites à la négociation gagnant-gagnant, *Personnel*, 438, March-April, 2003, p. 50-53.

5 Roger Fisher and William Ury, *Getting to Yes: Negotiating Agreement Without Giving In*, ed. Bruce Patton (Boston: Houghton Mifflin Company, 1981, 1991), p. 41-42.

6 *Idem*.

7 François de Callières, *De la Manière de négocier avec les souverains*, ed. Alain Lempereur (Geneva: Droz, 2002), p. 86.

8 Keith G. Allred, Relationship Dynamics in Disputes: Replacing Contention with Cooperation, in *The Handbook of Dispute Resolution*, by Michael L. Moffitt and Robert C. Bordone (eds), (San Francisco: Jossey-Bass, 2005), p. 83-98.

Chapter 2: 交渉に入る「前に」準備する

9 Roger Fisher and Danny Ertel. Getting Ready to Negotiate (New York: Penguin, 1995).

10 This case was written with the collaboration of Julien Favre, to whom the authors are most grateful.

11 Robert Mnookin, Scott Peppet and Andrew Tulumello, *Beyond Winning. Negotiating to Create Value in Deals and Disputes* (Cambridge: Harvard

■著者略歴

アラン・ランプルゥ（Alain LEMPEREUR）

ブランダイス大学Alan B. Slifka記念講座教授、同大学院ヘラー・スクールの共生・対立管理専攻科長およびハーバード大学交渉プログラム理事。フルブライト・フェローとしてハーバード大学ロースクールで博士号取得後、フランスESSEC経営大学院教授として1995年IRENE（欧州交渉教育研究センター）設立。国連調査訓練所（UNITAR）特別フェロー、アフリカ諸国における紛争解決リーダーシップ・プログラム、欧州委員会の他、多彩な国際機関、国際企業に交渉および紛争解決の領域で関与している。交渉，調停、リーダーシップに関する著書多数。

オウレリアン・コルソン（Aurélien COLSON）

ESSEC経営大学院準教授。2009年より同IRENE所長。ケント大学で国際関係学博士号およびパリ・ソルボンヌ大学で政治学博士号取得、1998〜2002年までフランス首相顧問の他、ランプルゥ教授と共にフランス外務書、欧州委員会および多数の国際組織における交渉、調停研修を実施している。

英語版編集　ミシェル・ペカー（Michele PEKAR）

ハーバード大学大学院で神学修士号取得、1997年よりESSEC経営大学院国際開発ディレクターおよび講師。

■訳者紹介

奥村哲史（おくむら てつし）

1959年札幌生まれ。札幌北高より成城大学，早稲田大学大学院修了（商学博士）。滋賀大学経済学部教授，名古屋市立大学大学院経済学研究科教授，東京理科大学経営学部教授を経て2020年より東洋大学経営学部教授。ノースウエスタン大学ケロッグ経営大学院DRRC（紛争解決研究センター）フェロー，リスクマネジメント協会評議員を兼任。

専　攻：ネゴシエーション，紛争解決，組織行動，経営戦略

著訳書：『予測できた危機をなぜ防げなかったのか？：組織・リーダーが克服すべき３つの障壁』（訳，東洋経済新報社，2011），『影響力のマネジメント：リーダーのための実行の科学』（訳，東洋経済新報社，2008），『ロースクール交渉学（第２版）』（共著，白桃書房，2007），『交渉力のプロフェッショナル：MBAで教える理論と実践』（訳，ダイヤモンド社，2003），『「話し合い」の技術：交渉と紛争解決のデザイン』（訳，白桃書房，2002），『マネジャーのための交渉の認知心理学：戦略的思考の処方箋』（訳，白桃書房，1997），『マネジャーの仕事』（共訳，白桃書房，1993），『ウルトラマン研究序説』（共著，中経出版，1992）

論　文：Academy of Management Journal, Journal of Applied Psychology, Management and Organization Review, Negotiation Journal, Journal of Experimental Psychology, Journal of Inrernational Management, 日本版ハーバード・ビジネス・レビュー，一橋ビジネスレビュー，季刊労働法，日本労働研究雑誌などに交渉関係の論文。

■ 交渉《こうしょう》のメソッド
　——リーダーのコア・スキル——

■ 発行日——2014年5月16日　初 版 発 行　　〈検印省略〉
　　　　　　2022年4月16日　初版2刷発行

■ 訳　者——奥村哲史《おくむらてつし》

■ 発行者——大矢栄一郎

■ 発行所——株式会社　白桃書房

〒101-0021　東京都千代田区外神田5-1-15
☎03-3836-4781　Ⓕ03-3836-9370　振替00100-4-20192
https://www.hakutou.co.jp/

■ 印刷・製本——藤原印刷

　ISBN 978-4-561-23628-3 C3034